SÃO JOÃO DE ÁVILA

O MISTÉRIO DO NATAL

3ª edição

Tradução
Gabriel Perissé

@editoraquadrante
@editoraquadrante
@quadranteeditora
Quadrante

São Paulo
2023

Capa
Gabriela Haeitmann

Dados Internacionais de Catalogação na Publicação (CIP)

Ávila, João de, São
O mistério do Natal / São João de Ávila; tradução Gabriel Perissé — 3ª ed. — São Paulo: Quadrante, 2023.

ISBN: 978-85-7465-559-8

1. Textos de meditação e contemplação – Natal 2. Celebrações – Natal I. Título

CDD-242.335

Índice para catálogo sistemático:
1. Natal : Cristianismo 242.335

QUADRANTE EDITORA
Rua Bernardo da Veiga, 47 - Tel.: 3873-2270
CEP 01252-020 - São Paulo - SP
www.quadrante.com.br / atendimento@quadrante.com.br

SUMÁRIO

O AUTOR

São João de Ávila nasceu em 1499. Contemporâneo de homens como São Thomas More, Lutero, Erasmo de Rotterdam e Calvino, participou ativamente na reforma da Igreja empreendida pelo Concílio de Trento: pregava, confessava, mantinha um constante apostolado epistolar, reunia discípulos, fundava colégios para a formação de seminaristas e para crianças pobres, aconselhava bispos e dava orientação espiritual personalizada a almas portentosas como Santa Teresa de Ávila, São Pedro de Alcântara, São João de Deus e São Francisco de Borja, ajudando-as a lutar pela santidade e a descobrir a concreta vontade de Deus para as suas vidas.

Enfim, era um sacerdote incansável, cuja exclusiva ambição consistiu em servir a Igreja num momento especialmente crítico da sua história.

Filho do Renascimento, compartilhava os anseios gerais de uma renovação cristã e humanística, naquele clima de verdadeira fome do Evangelho e dos clássicos da Antiguidade: basta mencionar que lia assiduamente tanto o controvertido Erasmo do Elogio da loucura *como Tomás de Kempis, o autor da* Imitação de Cristo, *obra que traduziu para o castelhano.*

Essa atitude, demasiado aberta para a mentalidade de alguns do seus conterrâneos, não deixou de causar-lhe problemas. Em 1531, já ordenado, chegou a ser preso pela Inquisição Real, em virtude de umas palavras que proferira, suscetíveis de ser mal interpretadas, e de umas reuniões em que se dedicava a rezar com alguns amigos. Só dois anos depois é que foi absolvido e libertado.

Sem dúvida, essa prisão se deveu também, entre outros fatores, à sua ascendência judaica. Já o seu pai se fizera batizar, mas, naquela altura e num país que buscava tão zelosamente uma identidade cultural e de pensamento que assegurasse a recém-constituída unidade nacional, quem pertencesse ao número dos cristãos-novos carregava necessariamente um estigma. E esse estigma iria marcá-lo, aos olhos de alguns, por toda a vida e até depois da morte.*

O brilhantismo com que estudou letras, filosofia e teologia granjeou-lhe o título de Mestre. Ordenado em 1526, e tendo repartido os seus bens pelos pobres, Mestre João de Ávila desejou ser missionário e levar o cristianismo às longínquas terras recém-descobertas da América. No entanto, a pedido do arcebispo de Sevilha,

---

(*) Sobre este tema controvertido, veja-se João Bernardino Gonzaga, *A Inquisição em seu mundo*, Quadrante, São Paulo, 2018.

permaneceu na Península, onde não lhe faltaram oportunidades de empregar os seus talentos para a conversão dos seus coetâneos.

Nessa Espanha do Siglo de Oro *— o período de auge da ciência e das artes, em que fervilhavam poetas e escritores como Garcilaso, Cervantes, Lope de Vega e Calderón —, não faltavam também os grandes oradores. João de Ávila logo se tornou um dos maiores. À sua clarividência doutrinal, somavam-se uma imediata empatia com todo e qualquer público e uma eloquência que entrelaçava citações bíblicas com provérbios populares, considerações teológicas com referências às realidades mais comezinhas.*

Percorria o sul da Espanha com o coração devorado por ânsias apostólicas. Os fiéis, por sua vez, madrugavam para conseguir um lugar nas igrejas onde o entusiasmado pregador ia falar, e depois ouviam-no durante mais de duas horas, sem que ninguém sentisse a passagem do tempo. Ao término dos seus sermões, convidava quantos o desejassem a confessar-se, e eram tantos os penitentes que permanecia no confessionário até tarde.

O seu único desejo era converter as almas. «Pregar, dizia, não é passar uma hora discorrendo sobre Deus, mas fazer que aquele que veio como um demônio saia como um anjo». Por isso, preparava os sermões em oração, de joelhos, diante de um crucifixo. Ensinava os outros pregadores a estudar menos e rezar mais, pois sabia na prática que é no relacionamento com Deus que se aprende a verdadeira pregação. Certa vez, um teólogo perguntou-lhe o que fazer para aperfeiçoar-se na oratória, e João de Ávila foi categórico: «Amar muito a Nosso Senhor».

Tanto é verdade, que levava para o púlpito muito poucas anotações. Falava da abundância do coração, *colhendo da sua intensa vida de união com Cristo o que os ouvintes tinham necessidade de escutar. A espontaneidade das exclamações, a pertinência das improvisações e os raciocínios simples mas tocantes faziam que todos voltassem para casa dispostos a mudar de vida e a crescer espiritualmente.*

Entre os muitos que se converteram ao ouvirem os seus sermões, contavam-se prostitutas e gente da nobreza, monges, sacerdotes e prelados cuja fé tinha esfriado, simples cristãos e até muçulmanos: qualquer um com quem deparasse nas suas andanças por centenas de cidades e povoados. As suas palavras eram a um tempo cheias de modéstia e de veemência, e «nunca pregou um sermão sem que várias almas se convertessem a Deus», conforme registra o seu processo de beatificação. Depois de cada pregação, os fiéis queriam beijar-lhe as vestes, as mãos e os pés, e não poucos se tornavam seus discípulos.

Os seus sermões chegaram até nós graças unicamente ao empenho de admiradores, que tomavam notas da pregação, transformavam-na em texto e a submetiam à aprovação do pregador. O calor da argumentação e os vaivéns de uma exposição apaixonada mantêm-se nessas peças literárias e lhes conferem uma vivacidade inexistente nas linhas buriladas de outros pregadores famosos como Bossuet ou Vieira.

Os três sermões de Natal aqui publicados[*] exemplificam o ardor dessa palavra a serviço de Cristo. Como frisa o próprio santo no primeiro sermão selecionado, o seu papel é o de João Batista: apontar a vinda do Messias e recomendar a todos, sem exceção, que se preparem para receber nas suas vidas o Deus humanado. Falando da parte de Deus, o pregador só tem em vista comunicar essa mensagem transformadora: o Todo-poderoso faz-se criança para conquistar a confiança dos homens, para habitar nos corações.

(*) Publicados pela primeira vez em 1596 por Juan Díaz, em Madrid. Utilizamos para a tradução o texto das *Obras completas del Beato Juan de ávila*, vol. II, BAC, Madrid, 1953. Para facilitar a leitura, fizeram-se pequenos cortes e explicitaram-se alguns vocativos.

Além de orador sacro, João de Ávila tornou-se conhecido também pelos seus tratados Sobre o sacerdócio, Sobre o amor de Deus, *e, sobretudo, pelo* Audi, filia, *livro que inicialmente se destinava a ser um guia para a luta ascética, escrito para uso de uma jovem a quem aconselhava espiritualmente. Essas obras, e outras menores, obtiveram êxito durante a sua vida e foram reeditadas muitas vezes depois da sua morte.*

Toda essa «performance», no entanto, não impediu que João de Ávila acabasse por ser esquecido durante séculos. Apesar da sua patente vida de entrega a Deus e ao próximo, somente foi beatificado no final do século XIX, em 1894, por Leão XIII, e canonizado em 1970, por Paulo VI. Mas há pelo menos duas razões que explicam essa — por assim dizer — «injustiça».

O primeiro fato a salientar é que João de Ávila foi obscurecido por gigantes contemporâneos e conterrâneos seus, como São João da Cruz, Santa Teresa de Ávila e

Santo Inácio de Loyola, cuja projeção ultrapassou rapidamente os limites da própria Espanha. Por outro lado, o seu pensamento não é tão pronunciado como o desses luminares, mesmo porque Deus lhe reservara uma missão diferente, voltada muito mais para a gente comum do povo do que para as almas consagradas a Deus em alguma ordem religiosa.

Destaquemos também que ele não fundou nenhuma instituição nem pretendeu definir uma espiritualidade apoiada na sua experiência ascética e mística. Vários dos seus discípulos, com os quais poderia ter empreendido uma iniciativa desse gênero, foram por ele mesmo ajudados a ingressar na Companhia de Jesus, nascida em 1537. O próprio João de Ávila pensou em abandonar a condição de clérigo secular e tornar-se jesuíta, projeto que a sua debilitada saúde inviabilizou. Sem um grupo de filhos da sua vida interior que promovesse a sua canonização, foi natural que o nome do «apóstolo da Andaluzia» se perdesse no meio dos de tantos outros bons sacerdotes do passado.

Todavia, essa modesta posição no hagiológio só aumenta ante os nossos olhos os méritos de São João de Ávila. Na verdade, ele seguiu o exemplo dos corações magnânimos, procurando «diminuir» para que Cristo «crescesse», ocultar-se para que outros brilhassem, fazer-se transparente para que apenas o seu ideal fosse transmitido. Buscou ardentemente a santidade, mas não o brilho da santidade; não fez questão de deixar «pistas» que permitissem encontrá-lo e elevá-lo aos altares. Assim, deixou as mãos livres à Providência divina... que não tem pressas desnecessárias, mas nunca permite que a verdade se perca.

João de Ávila passou os últimos dezesseis anos da sua vida gravemente doente. Quase cego, morreu com sessenta e nove anos, em 10 de maio de 1569, na cidadezinha de Montilla. E aí surgiu um sugestivo provérbio, que reflete o quanto esse sacerdote foi amado pelo seu povo. Entre os montilhanos, quando alguém é repreendido por um defeito ou um erro que tenha cometido, facilmente replica: «Olha só quem está falando! Por acaso você é o Mestre Ávila?»

A VINDA DE CRISTO À ALMA. COMO PREPARAR-SE?*

Eu sou a voz do que clama no deserto.
(Jo 1, 23)

Exórdio: o pregador, outro João Batista

Perguntaram a São João Batista quem era, e ele respondeu:

— «Eu não sou o Messias, nem Elias, nem aquele *profeta* a quem Deus se referiu ao falar com Moisés: *Eu suscitarei um profeta como tu dentre os teus irmãos, e*

(*) Sermão pregado no terceiro Domingo do Advento.

a quem recusar ouvir o que ele disser da minha parte, pedir-lhe-ei contas (cf. Jo 1, 20-21; Deut 18, 18-19). Não sou nenhum desses», disse São João.

— «Se não és nenhum desses», disseram eles, «como ousaste impor um novo rito ao povo? *Como é que batizas?*»

— «Não vos assusteis, porque *o meu batismo apenas limpa com água* a cabeça e o corpo; a sua função é somente fazer que os que dele se abeiram professem que são pecadores e necessitam de alguém que os limpe dos seus pecados. (Aquele batismo não era como o nosso, que transmite a graça). *Mas no meio de vós está quem vós não conheceis* e vos seria conveniente conhecer; esse limpa com água e com fogo, e introduz a mão nas almas, limpando-as de toda a sujidade, e eu sou tão diferente dEle *que não sou digno de desatar a correia das suas sandálias*; este é aquele que já profetizei e que vos preguei outras vezes, o qual *há de vir depois de mim* e *era antes de mim.* É tão superior a mim que eu *não sou digno de desatar a correia das suas sandálias* nem de servi-lo como escravo».

— «*Não sou quem pensais*», disse João Batista. — «Então quem és?» E ele disse-lhes: — «*Eu sou a voz do que clama no deserto*, e este é o meu ofício, a minha honra, a minha dignidade e o meu ser. Eu não sou o Messias, mas a voz do Senhor que quer vir até vós: *Endireitai os caminhos do Senhor*» (cf. Jo 1, 23).

Pobre de mim e de outros como eu, que temos o ofício de São João Batista sem possuir a sua santidade. O sacerdote, o pregador, anjo — porque «anjo» significa mensageiro —, o pregador é mensageiro de Deus, e Deus fala por sua boca. Somos mensageiros de Deus, anfitriões do rei, mas não sei se é por não sabermos desempenhar este papel, ou por qualquer outro motivo, que os ouvintes nos olham com os meros olhos da carne e atentam apenas para a nossa aparência externa.

Se o pregador começasse por lamentar não ser digno de tal ofício, e suplicasse a Deus que desse às pessoas a graça de virem ao sermão dizendo: — «Vamos ouvir a Deus»; e se vós vos preparásseis para ouvir bem a palavra de Deus — pois, ainda que seja um homem pecador e miserável quem as pregue, como eu, as palavras são de Deus e não dele, e é em nome de Deus que vo-las diz —; se desse modo e com essa fé viésseis ouvir os sermões, de outra forma creríeis no que neles vos é dito e tiraríeis deles outro proveito.

Eu não sou João Batista, mas, por ser pregador, tenho o seu ofício, e digo-vos da parte de Deus e em seu nome que deveis preparar as vossas almas. Deus quer vir morar em cada um dos que estais aqui. Daqui a oito dias terá nascido, e vós ouvireis o seu choro no presépio de Belém.

Pensai quão preocupada e alegre andava a Virgem Maria nestes oito dias, quantas apreensões trazia no seu coração, não como as vossas, pois estareis pensando agora em que comereis na noite de Natal e que roupas usareis. Não andaria ela pensando nisso, mas estaria preparando os paninhos para o Menino que daria à luz. E como o próprio Jesus Cristo disse que *todo aquele que fizer a vontade de meu Pai, que está nos céus, esse é minha mãe* (cf. Mt 12, 50), a vossa ocupação nestes oito dias deverá ser preparar-vos.

E se Jesus Cristo há de nascer na minha alma, como a prepararei, como a adornarei, para que, mal chegue, a encontre bem preparada? Se até este ponto do Advento fomos preguiçosos e descuidados, nestes oito dias que faltam para o Natal sejamos diligentes em preparar-nos. E já que não o podemos fazer sem receber uma graça do alto, supliquemos à Santíssima Virgem que no-la alcance.

Cristo vem morar na nossa alma

Não sei se este sermão não será um fracasso como os outros. Sois tão avessos a receber hóspedes que, embora vos digam que deveis preparar a vossa casa, pois Deus quer ocupá-la, não sei se querereis fazê-lo ou se direis: — «Vai em paz, porque não estou agora com disposição para receber hóspedes».

Hoje, porém, tereis de acreditar em Deus e não em mim. Trata-se de um acontecimento tão importante que, se acreditásseis bem nEle, não há dúvida de que seria bem recebido. Sabeis que coisa importante é essa? Que Deus vai descer do céu para fazer-se homem, e, depois de humanado, nascerá num estábulo e ficará chorando, colocado numa manjedoura; e passados oito dias derramará o seu sangue na circuncisão; e depois, quando crescer, será amarrado a uma coluna, despido, e receberá mil açoites, e subirá a uma cruz e nela morrerá por nós e para nossa salvação. Ouvi, pois, uma palavra verdadeira e alegre, ouvi uma notícia saborosa e certa: Deus veio ao mundo para salvar os pecadores;

Deus não veio para nos condenar, mas para nos salvar.

— «Como é possível? A minha consciência me diz que cometi mil pecados, e foi a Deus que eu menosprezei e tive em pouco. É possível que Aquele que esbofeteei e em cujo rosto cuspi venha agora salvar-me?» Aí está a bondade de Deus: tu o ofendeste e Ele vem buscar-te para te perdoar e pedir que todos vós sejais seus amigos.

Acreditai em mim hoje: não há ninguém dos aqui presentes a quem Deus, para sempre bendito, não queira vir neste Natal. Deus deseja vir a vossa casa e morar convosco! Aquele que está nos céus, e é adorado pelos serafins, Aquele que se encarnou no seio da Virgem Maria, Aquele que há de nascer daqui a oito dias, quer vir a cada um de vós. Deus, na sua misericórdia, vos ilumine para que hoje fique alojado nas vossas entranhas. Irmãos, preparai-lhe as vossas almas, pois Deus quer vir a elas.

Todos os adventos do Senhor são admiráveis. O primeiro advento, que foi *Deus ter vindo em carne*, quem o poderá contar? A *vinda do juízo*, quando Deus vier julgar os vivos e os mortos, e enviar uns para o céu e outros para o inferno, quem vo-la poderá contar? Quem vos contará as graças que *Deus faz ao homem a cuja alma Ele vem?*

Quereis parar e pensar nisto por alguns momentos? *Se alguém me ama*, diz Jesus Cristo, *guardará a minha palavra, e meu Pai o amará, e viremos a ele e nele faremos morada* (Jo 14, 23). Portanto, o Pai, o Filho e o Espírito Santo moram naquele que ama Jesus Cristo e guarda os seus mandamentos. *Vós sois o templo de Deus vivo* (2 Cor 6, 16), diz São Paulo. Irmãos, Deus mora em vós. Parai e pensai na diferença que existe entre uma alma em que mora Deus e outra em que mora uma multidão de demônios; vede a distância entre um hóspede e outro. Todos andamos juntos, e por fora andamos todos da mesma maneira, mas, por dentro, vede quanta diferença: nuns, mora Deus; em outros, o demônio.

Enfim, Deus quer vir a vós, mas se me perguntardes que significa Deus vir a uma alma, não creio que vo-lo saiba responder. Diz São Paulo que os dons de Deus são inexprimíveis (cf. 2 Cor 9, 15). Pois se não é possível exprimi-los, como saberei dizer-vos que significa Deus vir morar numa alma? Experimentai-o e vereis por vós mesmos o que significa. Basta dizer-vos que o hóspede que quer vir a vós é Deus. Irmãos, Deus quer vir a vós.

Cristo traz consigo o seu reino...

Senhor, que coisa dura é dizer a um ladrão: — «Aí vem o juiz». Fugirá, como fez Adão ao ouvir a voz do Senhor. Senhor, para que vindes? Ele próprio o disse através de São João: *Deus não enviou o seu Filho ao mundo para condenar o mundo, mas para que o mundo seja salvo por Ele.*

O Rei vem e traz consigo o reino para que, se existe alguém tão avarento que pense ser pouco a vinda de Deus a ele, e o atraiam outras coisas e por elas se apaixone mais do que por Deus, saiba que Ele traz muitas riquezas e vem conceder-nos grandes mercês. E assim diz: — «Por isso não deixeis de receber-me, pois vos trago tudo o que podeis querer e desejar, e muito mais».

— «Que trazeis, Senhor?» *O reino de Deus está dentro de vós* (Lc 17, 21). Por acaso já compreendestes alguma vez o sentido desta passagem? Sabei que o reino de Deus está dentro de vós. Não penseis que consiste em ter muitas vinhas e muitos olivais. Na alma à qual vier o amor a Deus e ao próximo, aí estará alojado o reino de Deus; dentro da alma que obedecer a Deus, aí se encerrará o reino de Deus. É o próprio São Paulo quem o diz: *O reino de Deus não está na comida nem na bebida, mas na justiça, na paz e no gozo do Espírito Santo* (Rom 14, 17).

O Rei vem e traz consigo o reino, e o seu reino é de justiça e paz. Quem haverá que não o receba? «Justiça», nesta passagem, não significa «fazer justiça», mas uma virtude pela qual um homem se converte de pecador em justo. É o que Isaías dizia vários séculos antes: *Que os céus derramem das alturas o seu orvalho, que as nuvens façam chover a vitória, abra-se a terra e brote a felicidade e ao mesmo tempo germine a justiça! Sou eu, o Senhor, a causa de tudo isso* (Is 45, 8).

E que querem dizer estas palavras? Que a causa pela qual nos tornamos bons é Jesus Cristo. São Paulo diz que Ele se fez para nós *redenção*, satisfação, *justiça* e *sabedoria* (cf. 1 Cor 1, 30). Não penses, irmão, que és justo pelas tuas boas obrinhas, pelo que fazes, mas sim pelas boas obras e pela paixão de Jesus Cristo. Se unes as tuas obras a Ele, Ele as faz meritórias. Nasça, pois, o Cordeiro e, com Ele, a justiça e a santificação.

A paz é uma coisa boa para os casados, se estão brigados. Mas quem não está brigado? Quem não pensa que gostaria de servir a Deus e, ao mesmo tempo, alimenta dentro de si outros pensamentos e outra lei que repugnam e contradizem a Deus? Esses são os que sentem a contenda dentro do seu espírito! O Senhor traz a paz e o gozo no Espírito Santo àqueles que dizem, desconsolados e aflitos: «Ofendi a Deus!», porque esse é o maior dos tormentos e o maior dos desconsolos.

Que pensáveis? Que o maior dos tormentos é: «Não tenho nada que comer, não tenho nada que vestir, estou sendo caluniado, perseguem-me», etc.? Esse é um sofrimento carnal. A queixa que deveis fazer não há de ser contra aquele que vos caluniou ou vos injuriou, mas contra vós mesmos. Ireis para o vosso canto e, diante de Deus, queixar-vos-eis de vós mesmos, dizendo: — «Senhor, devo-Te tanto que estaria obrigado a padecer por Ti o mesmo que sofres-te por mim, e contudo não suporto uma palavrinha, uma ninharia; queixo-me, Senhor, de mim e da minha pouquidão».

A verdadeira dor é a que faz uma pessoa bater no peito, considerar os seus defeitos e maldades e dizer: — «Oh, ofendi a Deus! Que longe estou do caminho de Deus!» Este é o verdadeiro tormento e o maior dos desconsolos, e foi para extingui-los que Deus veio a este mundo. Que diziam os judeus néscios? «O Messias vem para nos dar riquezas, vinhas e olivais». Mas de que me aproveitaria o Messias se me desse tudo isso, mas não curasse o mal que trago no coração? Deus está de mal comigo. Se o Messias deve ser o meu Messias, cure-me esta chaga que trago no coração, e, se não o fizer, não quero bem algum.

Reino de alegria e de paz

Se vos preparardes para receber este hóspede, Ele é tão poderoso que fará o vosso coração alegrar-se. Se não quereis a Deus por Deus, vede o que Ele traz, vede o reino que traz consigo. Pensais que Ele é pobre? São Paulo escreveu: *Todas as coisas são vossas*: *Paulo, Apolo, Cefas, o mundo, a vida, a morte, as coisas presentes, as futuras*; *tudo é vosso* (1 Cor 3, 22). Por que chamais pobre a um homem que tem todas as coisas? Dizei-nos, Paulo, por que tudo é nosso? Porque, quando o Pai eterno nos deu Jesus Cristo, o seu Filho, *deu-nos com Ele todas as coisas.* Esta é a mercê mais alta de todas; este é o espelho em que deves olhar-te: Deus concedeu-nos o seu Filho.

E São Paulo continua: *Se Deus nos concedeu o seu próprio Filho, como não nos dará também com Ele todas as coisas?* (Rom 8, 32). Se Jesus Cristo é nosso, não vos admireis de que o presente e o futuro sejam nossos. Tudo se encerra nesta graça. Não vos admireis de que os santos sejam vossos, pois esse que vem às vossas entranhas é Senhor dos céus e da terra, dos anjos e de todas as coisas. Parai e pensai quem é esse que quer vir à vossa alma, e assim vereis como todas as coisas serão vossas, ou seja, que podereis usar delas para vosso proveito. Sabeis quem é verdadeiro dono dos seus haveres? Aquele que os aproveita para servir a Deus e para proveito próprio e do seu próximo. E se vos parece que é pouco ter a Deus e com Ele todas as coisas, pergunto: o que vos parecerá muito? Que ninguém diga: — «Não quero esse hóspede», porque, na verdade, a sua vinda, por si só, paga bem a pousada.

— «Padre, tudo isso me parece pouco para recebê-lo». Oh, bendito sejas Tu, Senhor, e bendita a tua misericórdia! Por que reclamais? Deus quer vir a vós e vos pede que lhe prepareis pousada. E vós, ao invés de fazê-lo, pensais no que poderá dar-vos: — «Padre, não haverá outra coisa a não ser isso que me convide a recebê-lo?»

Mas a maior de todas as coisas que Deus vos dá está por ser dita. Se Ele não vos tivesse concedido a luz da fé, como acreditaríeis num dom tão elevado como é o de que Ele veio para morrer por vós? O que tem mais valor: que Deus se tenha entregado às mãos de verdugos para que lhe fizessem tantas injustiças, ou que se entregue aos corações dos que estamos aqui? Pois se Cristo se entregou à vontade dos que lhe queriam mal, não se entregará aos corações dos que lhe querem bem? Senhor, tanto me amaste que Te entregaste às mãos dos teus inimigos por mim! Praza ao Senhor que creiais nisto.

Que feliz sairia daqui um homem a quem dissessem: — «O rei virá amanhã a tua casa para fazer-te grandes mercês!» Acho que não almoçaria de tanta alegria e preocupação, nem dormiria durante toda a noite, pensando: «O rei virá a minha casa, como lhe prepararei pousada?» Irmãos, digo-vos da parte do Senhor que Deus quer vir a vós e que traz consigo um reino de paz, como já ouvistes. Bendita seja a sua misericórdia e glorificado o seu santo nome! Quem vos saberia dizer com que tempero devemos condimentar este manjar? Como? Se Ele é o próprio Deus e o ofendido, e nós homens e os que ofendemos; se é nosso o lucro da hospedagem e Ele quem no-la está pedindo, seremos nós a desprezá-lo? E que pensar se soubermos que Deus está à porta dos corações? Pensais que está longe? Está batendo à porta.

Deus pede que lhe abramos a porta

— «Oh, padre! Não é possível que Ele esteja tão perto como dizeis, porque cometi tal e tal pecado e o expulsei para muito longe de mim, e com certeza está muito magoado comigo».

Eis que estou à porta e bato, diz Ele. *Se alguém me abrir a porta, entrarei* (cf. Apoc 3, 20). Pensais que Deus é como vós que, se vos causam um pequeno aborrecimento ou vos perseguem, logo excluís o próximo do vosso amor? E se alguém vos diz: — «Perdoai Fulano porque Cristo vos perdoou», dizeis: — «Nem mencioneis o nome dele na minha frente». Como podeis pensar que, por vós não perdoardes, Deus também não perdoa? Glorificado sejas Tu, Senhor, pois é isto o que mais cativa os corações humanos! Diz o pecador quando peca: — «Retirai-vos de mim, Senhor, porque não Vos amo!». E Deus sai da casa, e põe-se à porta, e fica chamando: — «*Abre-me, minha esposa, minha amiga*; ficarei aqui até que, por compaixão, venhas a mim e me abras». Não minto: Ele nos pede que, por compaixão, lhe abramos a porta!

Que significam estas palavras do Esposo no Cântico dos Cânticos: *Abre-me, minha irmã, minha amiga; a minha cabeça está coberta de orvalho, e os cachos dos meus cabelos cheios das gotas da noite* (Cânt 5, 2), senão: «Abre-me, tem compaixão de mim»? É espantoso que Deus nos peça pousada por compaixão e nos diga: — «Abre-me, que não tenho para onde ir». E quando um coração tocado por Ele toma consciência disso, não há nada que mais o cative de amores ou o derreta. E assim dizia Santo Agostinho: «Eu fugia de Ti, Senhor, e Tu corrias atrás de mim»*.

Este é o amor de Deus pelos pecadores. Fogem dEle, e Ele vai atrás deles. E assim diz por Jeremias: *Se um homem repudia a mulher, e ela o abandona para tornar-se mulher de outro, tornará o marido a recebê-la? Não ficará gravemente maculada? Mas se tu, depois de teres fornicado com inúmeros amantes, voltares para mim, diz o Senhor, eu te receberei* (cf. Jer 3, 1). *Há de o rancor durar eternamente?* (cf. Jer 3, 5) Os rancores passados passaram, não me magoes mais, sejamos amigos novamente.

(*) Cf. *Confissões*, 2, 3, 7; 10, 27 e 38.

As palavras que a alma deveria dizer a Deus, Deus as diz à alma: — «Continuarás a resistir eternamente? Aproxima-te logo, alma; chama-me, se não sabes chorar. Se tens medo, confia, porque sou Eu mesmo quem te ordena. Se os teus pecados te fecham a boca, Eu te direi como deves chamar-me: *Meu Pai e guia da minha virgindade* (cf. Jer 3, 4)». E dir-lhe-ás: — «Agora sou mau, mas lembrai-Vos, Senhor, de que um dia fui bom; lembrai-Vos de que, quando pequenino, me batizaram, e Vos pertenci, e fizeram em mim o vosso sinal». — «Fala assim comigo» — responderá o Senhor —, «faze que eu me recorde de que um dia foste meu: *chama-me meu Pai, tu és meu*».

Irmão, se Deus manda que chames por Ele, é porque quer receber-te. Se te ensina como chamá-lo, como não há de ouvir-te? Vedes aqui a infalível misericórdia de Deus. Embora o tenhamos ofendido, bate à nossa porta e, embora não o queiramos receber, pede-nos que lhe abramos. Que coisa abominável seria deixar o vosso marido bater-vos à porta à meia-noite: — «Abri, senhora, porque venho ferido da guerra em que combati por vosso amor; venho depois de ter sofrido muito por vós!» Que mulher seria tão má a ponto de deixar o marido esperando à porta por muito tempo?

Por que não quereis abrir a Deus? Quem estará dentro de ti para não quereres abrir? Algum rufião deves ter em tua casa para não quereres abrir a porta ao teu próprio marido. E se aquele que bate e diz: — «Minha esposa, eu morri por ti e, para que tivesses tranquilidade, passei por muitos sofrimentos», é o próprio Deus! Alguma coisa contrária está dentro de ti, por cujo amor não lhe queres abrir. Peço-vos que me digais: o que é que cativa tanto o vosso coração, que por isso não quereis receber a Deus em vossa casa neste Natal?

Deus e o demônio não podem morar juntos

Mas, se porventura — praza a Deus que não aconteça —, algum dos presentes a este sermão que lhe é pregado da parte de Deus, ao contrário de preparar pousada para Ele, a preparasse para o demônio, seria pior do que um infiel! Que seria dele se dissesse: — «Neste Natal, tenho de apostar esse dinheiro que guardei até agora»? Ah, infeliz, então jogas justamente por ser Natal!?

Só posso compreender semelhante situação se pensar que foi o demônio quem inventou essa perversão lá no inferno e depois a trouxe para os homens. Que faremos, dizem os demônios, já que muito perdemos com o nascimento de Cristo? Como poderemos aproveitá-lo para termos algum lucro? E para recuperar o que perderam, ordenam esses jogos. Miserável de ti! Assim pagas a Deus o amor com que veio nascer por ti, numa manjedoura, e assim pagas os sofrimentos pelos quais passou, e o seu choro de recém-nascido, e o frio que suportou? Isso é coisa do diabo.

Se em algum momento é necessário que sejas bom, é agora; e se antes foste mau, agora tens de ser bom; e se em alguma ocasião jogaste, agora não jogarás. Rogo-vos que me façais esta caridade e me deis este presente pelo amor do Menino e de sua Mãe.

Quem ocupa o vosso coração e impede que Deus entre nele? — «Ninguém, senhor. Ele chegou em boa hora». Bem sei que muitos dizem várias vezes por dia neste tempo do Advento: *Vinde, Senhor, e não tardeis*. Praza a Deus que não seja da boca para fora. Seria abominável que alguém chamasse por Deus somente com a boca e, com o coração, lhe estivesse pedindo para não vir. E, se já o fizestes, dizei-lhe agora: — «Senhor, ao pedir que viesses falava-te falsamente»; pois Deus não é amigo de burlas, mas da verdade.

Pergunto: Quereis receber a Deus neste Natal? — «Sim, quero, mas desde que não precise expulsar o outro hóspede que tenho em casa». Não sentis vergonha de chamar por Deus tendo um pecado mortal na alma? Quereis colocar Deus ao lado do seu inimigo? Quem ama a Deus só a Ele ama. E deve ter uma faca bem afiada para com ela cortar tudo o que tiver de contrário a Deus, sejam honras, haveres ou qualquer outra coisa. Deveis dizer: — «Perca-se tudo e fique eu com Deus».

Portanto, quem quiser receber a Deus na sua alma deve expulsar dela todos os seus inimigos, e quem assim não o fizer ficará sem Deus. Outrora, não se concebia que estivessem juntos no mesmo altar a Arca de Deus e Dagon, o ídolo dos filisteus (cf. 1 Sam 5, 2 e segs.). Será então concebível que Deus more onde mora o pecado? Será aceitável que estejam juntos Ele e o demônio? Deveis fazer Deus sentar-se à cabeceira da mesa e convidar a sair tudo o que possa impedir-lhe a vinda. E assim, se o amardes, Ele virá; caso contrário, não o espereis.

Há outro que diz: — «Padre, eu o receberei de boa vontade e lhe darei pousada neste Natal, mas depois retomarei os meus hábitos anteriores». Irmão, que pensamento é esse? Nem precisas preocupar-te porque, com essa disposição, Ele não virá. Quem o quiser receber deverá fazer um propósito muito verdadeiro e firmíssimo de nunca mais tornar a ofendê-lo.

Como preparar-se?

Uma palavra para todos os que quiserdes receber a Deus neste Natal: — «Padre, eu amo a Deus, que farei?» Se tiverdes a casa suja, varrei-a; se houver poeira, pegai em água e molhai-a.

Haverá aqui alguns que não varrem a casa há dez meses ou mais. Existirá mulher tão desleixada que, tendo um marido muito asseado, fique dez meses sem varrer a casa? Há quanto tempo não vos confessais? Irmãos, não vos pedi na Quaresma passada que vos acostumásseis a confessar-vos algumas vezes ao ano? Pelo menos no Natal, nos dias de Nossa Senhora e em outras festas religiosas importantes do ano, mas penso que vos esquecestes. Praza a Nosso Senhor que não vos exijam contas disso no dia do Juízo. E se disserdes então: — «Eu não sabia, por isso não me confessei», dir-vos-ão: — «Bem que vo-lo disseram, bem que vo-lo gritaram, muito se afadigaram em alertar-vos; agora de nada serve puxar dos cabelos porque antes não o quisestes fazer».

Irmãos, pecamos todos os dias. Se até hoje fostes preguiçosos em varrer a vossa casa, pegai agora na vassoura, que é a vossa memória. Lembrai-vos do que fizestes ofendendo a Deus e do que deixastes de fazer a seu serviço; ide ao confessor e jogai fora todos os vossos pecados, varrei e limpai a vossa casa.

Depois de varrida, molhai o chão. — «Mas não posso chorar, padre». E se vos morre o marido ou o filho, ou se perdeis um pouco do vosso dinheiro, não chorais? — «Claro que choro, padre, e tanto que quase chego ao desespero». Pobres de nós que, se perdemos um pouco de dinheiro, não há quem nos possa consolar, mas se nos sobrevém um mal tão grande como perder a Deus — pois isso acontece a quem peca —, o nosso coração é de tal forma uma pedra que são necessários muitos pregadores, confessores e admoestadores para que sintamos um pouco de tristeza! Mais valorizas o real perdido do que o Deus que perdes. Quando perdes uma quantia insignificante, não há quem consiga consolar-te, nem frades, nem padres, nem amigos, nem parentes. E, no entanto, não te entristeces quando perdes nada menos que o próprio Deus. Que significa isto, senão que tens tanta terra nos canais entre o coração e os olhos que a água não pode passar?

— «Que me leva a ter o coração tão duro e a não poder chorar?» De todos os tempos apropriados que há ao longo do ano, este é o mais apropriado para os duros de coração. Valorizai o tempo santo em que estamos, considerai esta semana como a mais santa de todas no ano. É uma semana santa, e se a aproveitardes bem e vos preparardes como já sabeis, certamente vos será tirada a dureza do coração.

Um coração de carne

Disse Deus: «Farei chegar uns dias em que *vos tirarei o coração de pedra e vos darei um coração de carne* (Ez 11, 19)». E esse tempo chegou: a partir do momento em que *Verbum caro factum est*, em que Deus se fez homem (cf. Jo 1, 14). Quando se fez carne, Ele nos deu corações de carne. Quando daqui a oito dias o virdes feito criança recém-nascida, colocada numa manjedoura, vê-lo-eis feito carne, e, por ter-se revestido de uma carne tão branda, Ele se torna brando, e não será difícil que vos dê corações brandos. Aproximai-vos do presépio e pedi com fé: — «Senhor, já que Te tornaste brando, abrandai o meu coração». Desse modo, sem dúvida alguma, Deus vos dará água para que laveis a vossa casa cheia de pó.

Que é mais necessário para um hóspede que vos bate à porta morto de fome e de frio e desnudo? É necessário que lhe busqueis alguma comida, alguma roupa, e que o agasalheis. Dir-me-á algum de vós: — «Padre, Cristo não está reinando no céu? Então já não sente fome nem está desnudo».

Irmãos, embora Ele esteja nos céus, também está na terra — e não apenas no Santíssimo Sacramento —, porque, embora a Cabeça esteja no céu, o Corpo está na terra. Dizei-me: se eu agora vos pregasse que neste Natal Jesus Cristo virá a vossa casa, pobrezinho, desnudo, como nasceu em Belém, não o receberíeis? Não tendes pobres no vosso bairro? Não tendes desnudos à vossa porta? Ora, se viste o pobre, viste Jesus Cristo; se consolas o desconsolado, consolas Jesus Cristo, e foi Ele mesmo quem disse: *O que fizestes a um destes pequeninos, a mim o fizestes* (Mt 25, 40). Não te angusties dizendo: — «Por que nenhuma pessoa em Belém quis receber com afeto o Menino e sua Mãe?» Não te aflijas porque, se receberes o pobre, recebes o Menino e sua Mãe; e se de verdade acreditas nisto, andarás mais solícito em procurar o pobre que está nesta rua, e disputarás aos outros a ocasião de fazer o bem que puderes.

Esmolas, irmãos, esmolas: vesti os desnudos, saciai os famintos, e não vos contenteis com dar umas moedas ou algo mais, mas dai esmolas em quantidade, pois é exatamente assim que Deus vos dá tantas coisas. Não sejais mesquinhos à hora de dar, já que Deus é tão generoso em dar-vos. Não deis moedinhas por Deus, já que Deus vos dá o seu Filho.

Dai esmolas para bem receber Cristo neste Natal. Irmãos, esse que vem é amigo da misericórdia; que Ele vos encontre misericordiosos.

O desejado de todos os povos

— «Falta mais alguma coisa, senhor?» Sim, falta, e creio que é a mais importante: que saibais que o nome de Jesus é *o Desejado de todos os povos*. Que pena ver como Deus é pouco amado e desejado! Que pena quando vós tendes um filho doente e, ao lhe servirdes um frango assado e bem temperado, o ouvis dizer: — «Não suporto este prato, tira-o da minha frente e joga-o fora!» Se é uma pena que se perca esse prato, que pena não será, para quem o experimente, ver que a suma Bondade não é amada e desejada!

Senhor, que poucos vivem querendo seguir-Te, desejando-Te dia e noite? Que poucos perdem o sono por Ti! Diz Isaías: *A minha alma deseja-Vos durante a noite e o meu espírito procura— Vos desde a manhã* (Is 26, 9); não adormecerei nas vaidades desta vida, mas levantar-me-ei pela manhã para louvar-Te. Se os homens soubessem que deliciosa música e alvorada é o homem levantar-se à noite para desejar a Deus e, pela manhã, para louvá-lo!, os nossos corações desfaleceriam. Um dos nossos maiores erros é não desejar a Deus. Quando a águia está saciada de carne, não quer voltar, mesmo que o dono a chame. Por que sentis tão pouco desejo de Deus? Porque estais saciados de carnes mortas e de víboras. *Até me esqueci de comer o meu pão* (Sl 101, 5). Se estais saciados de pecados, é de admirar que não tenhais fome de Deus?

O nome de Jesus Cristo é *o Desejado de todos os povos.* Antes de ter vindo, fora desejado por todos os patriarcas e profetas; todos suspiravam: «Senhor, vede como Vos desejamos, vinde remediar-nos!» Fora desejado pela Santíssima Virgem e por todos. *Ditosos os que Vos esperam*, diz

Isaías (30, 18). Irmãos, se nesta semana vierem bater-vos à porta os pecados, não os recebais. Dizei-lhes: — «Saí daqui porque estou esperando um hóspede». Quem está à espera de Deus colocou um grande freio na sua boca e nas suas obras. O que tens de fazer é suspirar por Deus: — «Senhor, só Tu és o meu bem e o meu descanso; falte-me tudo, mas não me faltes Tu; perca-se tudo, mas não Te perca a Ti! Ainda que queiras tirar-me tudo o que me queres dar, se me der a Ti, pouco me importa que me falte tudo».

Deus quer que o ames tanto como uma mulher bem casada, que pouco se importa de perder tudo, contanto que fique com o marido. Tens a Deus e estás infeliz porque falam mal de ti? Deus deixou casa e mãe, perdeu a honra e a vida, e, desnudo, colocou-se numa cruz por ti. E tu, que tens Deus contigo, ainda dizes que te falta alguma coisa? Que dirá Deus?: — «Tens-me a Mim e não te contentas?»

Deus vem a vós, *o Desejado de todos os povos*. A que vos sabe? Parece-vos sem sabor? Certamente não foi por culpa dEle. Diz o doente que não pode comer nada cozido. Pois para que achasses mais gosto nEle, Deus foi assado pelos tormentos, em fogo de amor na cruz; e quanto mais o atormentam, mais descanso é para ti. Já seria delicioso sem isso, mas, para te ser mais saboroso, padeceu tudo. Se considerares o que padeceu por ti e por teu amor, quanto mais o vejas padecer, mais saboroso será para ti. Como é possível que não aches sabor em Deus, se Ele morreu por ti? Deves estar com problemas de estômago e será preciso purgá-lo.

Diz o doente: — «Estou fraco e preciso que me cortem a carne, porque não consigo fazê-lo sozinho». E que foram os açoites, os pregos e o golpe de lança senão os cortes que retalharam aquela carne santa para que, quanto mais atormentada, mais saborosa fosse para ti?

Deus está cravado na cruz por ti, e tu não o desejas? Não achas saboroso um Deus morto por ti? Então algum pecado há em ti que te estorva; busca-o, joga-o fora e, ao longo desta semana, faze boas obras.

Confessai-vos, dai esmolas, desejai a Deus, suspirai por Ele de coração: — «Meu Senhor, dentro da minha fraqueza, preparei-Vos a minha pobre casinha e estabulo; não desprezeis os lugares miseráveis, como não desprezastes o presépio e o patíbulo». Ele quis nascer num estábulo para que, embora eu tenha sido mau e o meu coração tenha sido estábulo de pecados, confie em que não haverá de menosprezar-me. Senhor, embora eu tenha sido mau, preparei-me o melhor que pude; digo-Vos cheio de vergonha: — «O meu estábulo está preparado; vinde, Senhor, que o estabulozinho está varrido e livre de pó. Não passo de um estabulo; supra a vossa misericórdia o que falta em mim, proveja ao que não tenho». E se assim vos preparardes, Ele virá sem falta.

Praza à sua misericórdia que de tal modo nos preparemos para este Natal, que Ele nasça em nós, e nos dê aqui a sua graça e, depois, a sua glória. Amém.

SINAIS PARA ENCONTRAR A DEUS*

Eis o sinal: Encontrareis um menino envolto em panos e deitado numa manjedoura.

(Lc 2, 12)

Dia de regozijo e alegria

Alegrar-se-á a terra deserta e sem caminho. A estepe regozijar-se-á e florirá como o lírio. Foi-lhe dada a glória do Líbano, o esplendor do Carmelo e de Saron (Is 35, 1-2). Quem disse estas palavras foi o profeta Isaías, ao ver em espírito este dia e a

(*) Sermão de Natal. Pregado no dia de Santo Estêvão (26 de dezembro).

bem-aventurança da Virgem Maria, Mãe de Deus. Hoje é dia de regozijo. Não houve ali dores de parto, porque, se tivesse havido, o nosso regozijo ter-se-ia velado por causa das dores. Se Maria tivesse sentido dores e gemido, a nossa festa ter-se-ia entristecido. A Virgem não experimentou dor ou tristeza, mas apenas grandíssimo júbilo e alegria.

Alegrar-se-á a terra deserta e sem caminho. Aquela que não conheceu varão vai regozijar-se e alegrar-se frutificando. Quem nos dera ver, Santíssima Virgem, o vosso regozijo e a alegria do vosso rosto! Quem nos dera ver-Vos, Mãe e Virgem, tão virgem como as virgens e tão mãe como as mães! Foi-Vos dado *o esplendor do Carmelo e de Saron*, dois montes de grande beleza na Judeia. E se quisermos ver alguma formosura na terra, supliquemos ao Senhor que nos dê olhos contemplativos, a fim de que hoje possamos ver uma donzela na gruta de Belém com um Donzel nos braços. Não há nada mais formoso: *Foi-lhe dada a glória do Líbano, o esplendor do Carmelo e de Saron.*

Ao conceber Isaac, Sara disse: *O Senhor fez-me rir, e todos aqueles que o souberem rirão* (cf. Gên 21, 6). Nunca vistes uma mulher de noventa anos conceber? — «O Senhor fez-me rir, pois eu já não tinha forças naturais para conceber e Ele me deu forças sobrenaturais para tanto». Quando o anjo disse ao marido de Sara que a sua esposa conceberia, ela riu, e o filho a quem deu à luz chamou-se Isac, que significa riso ou alegria. E Sara disse: *O Senhor fez-me rir, e não somente a mim, mas a quantos souberam disso.* Que palavras adequadas para a Virgem Maria! Foi surpreendente que uma mulher de noventa anos concebesse, mas milagre ainda maior, milagre duplo, foi que uma virgem concebesse sem intervenção de homem e desse à luz sem perder a virgindade.

E quem deixará de regozijar-se ao ouvir que a Santíssima Virgem tem Jesus

Cristo nos seus braços? Não foi só a Virgem que se alegrou, mas todos aqueles que souberam do milagre. Alegrai-vos com Ela todos os que a amais, pois hoje se tornou Mãe e Virgem. Hoje, Santo Estêvão, *olhando para o céu, viu a glória de Deus e Jesus que estava em pé à direita de Deus* (At 7, 55); e hoje Cristo está em Belém, nos braços de sua Mãe. Vamos até lá e peçamos-lhe graça, e invoquemos como intercessora a sua bendita Mãe: *Ave, Maria...*

Sinais para encontrar a Deus

Que o Menino, que nasceu para nossa salvação, e a Santíssima Virgem, sua Mãe, vos deem um feliz Natal!

Um anjo comunicou aos pastores os sinais que os fariam encontrar a Deus: *Encontrareis um recém-nascido envolto em panos e deitado numa manjedoura* (Lc 2, 12). Vedes como é linda esta festa? Dou-vos boas novas. Disse o anjo aos pastores: — «Dai-me os parabéns porque *vos trago uma grande alegria: nasceu nesta noite o Cristo Salvador,* o Messias, em Belém. E para que não o percais de vista, para que não leveis a vida inteira para conhecê-lo, eu vos darei estes sinais: *Encontrareis um recém-nascido envolto em panos e deitado numa manjedoura* (cf. Lc 2, 10-11)». Porque, para coisas muito importantes, são necessários sinais muito claros, a fim de que ninguém se perca.

Deus começou a dar sinais de Cristo desde Adão: sinais a Abraão, sinais a Jacó, sinais a Davi, sinais a Isaías e a todos os patriarcas e profetas: para que não o percais de vista — disse-lhes —, nascerá em tal lugar, falará deste modo e terá esta condição. Os profetas pintaram Cristo de modo que ninguém deixasse de reconhecê-lo, porque quem dEle se extravia, extravia-se do céu.

Mas, afinal de contas, pouco aproveitarão os sinais para conhecer Cristo se não vier uma luz do céu. Sabeis o que acontece com os astrólogos? Eles leem: «Tal signo do zodíaco possui tais sinais», e quando vão ver, não o descobrem. Quem possui a luz da fé louve a Deus, pois foi Ele quem lha deu; agradeça-lhe, porque, se Ele não a dá, *em vão trabalham os que constroem a casa* (Sl 126, 1). Diz São Paulo que *a fé é um dom de Deus* (cf. Ef 2, 8). Se do alto não nos vier a fé, de que servem os sinais? Os judeus tiveram sinais, mas, cegos pelos seus pecados, não acreditaram neles.

Por isso, para encaminhar os pastores, Deus enviou-lhes do alto um anjo — e com ele uma grande claridade, que os assustou —, e para que vós não o percais de vista, que disso depende o vosso destino último, disse-vos: — «Ide a Belém e o *encontrareis numa manjedoura, envolto em panos*». Mas que sinal pode ser esse para achar Deus? Um *recém-nascido envolto em panos e deitado numa manjedoura?*

Num sermão sobre a circuncisão, diz São Bernardo: «Na verdade, se quisessem perder Cristo de vista, a circuncisão teria sido um bom sinal, porque a circuncisão era sinal de pecadores, e Cristo não era pecador»*. Do mesmo modo, os sinais que o anjo dá mais parecem sinais para desencontrar-se de Deus do que para encontrá-lo: um *recém-nascido envolto em panos e deitado numa manjedoura.*

Um recém-nascido não fala. Se o próprio ser pessoal deste Menino que hoje nasce em Belém é ser Verbo, isto é, Palavra, dizei-me por caridade como é que posso receber por sinal alguém que, «sendo Palavra, não fala», esse de quem São João predisse: *No princípio era a Palavra, e a Palavra estava junto de Deus, e Deus era a Palavra e Aquele por cuja palavra foram feitos o céu e a terra* (cf. Jo 1, 1-3)?! Como podeis dar-me por sinal um «recém-nascido», se por esse nome se entende uma criança envolta em paninhos? Belos

(*) *De circ. Domini sermo*, 3, 3; ML 183, 138.

sinais para encontrar a Deus! Quem foi capaz de envolver em paninhos o infinito? *A minha presença enche o céu e a terra* (cf. Jer 23, 24), diz Deus. Criador do céu e da terra, quem Vos envolveu em paninhos? Como foi que Vos deitaram numa manjedoura? Anjo, que sinais são esses para encontrar a Deus? Explica-nos.

A honra e a majestade de Deus

Falando da vinda deste Menino, disse Isaías: «*E revelar-se-á a glória do Senhor* (Is 40, 5), descobrir-se-á a honra de Deus». Mas onde está a honra de Deus senão no seu Filho, Jesus Cristo, que nasce hoje em Belém?

Senhor, estávamos à espera da vossa alteza grandiosa, e o que vemos é um menino envolto em paninhos e chorando numa manjedoura. De um lado, um boi, do outro, um asno. Esta é a vossa Majestade? Se é a vossa Majestade, como no meio de tanta baixeza? Se é a vossa Honra, como numa manjedoura? Mas Deus disse a verdade: *Revelar-se-á a majestade de Deus.* Para compreendê-lo, é necessária a luz do Espírito Santo.

Os que pretendem honra de grandes, há de ser forçosamente à custa dos pequenos; e os que querem ser temidos, forçosamente sê-lo-ão assustando os que não têm forças. Tempo houve em que Deus quis ser temido e se vingava. Tempo houve em que este Menino, que agora não fala, falou, e quem o ouvia afligia-se. O Menino que acaba de nascer é o mesmo que, quando Adão pecou, lhe disse: *Onde estás, Adão?* (cf. Gên 3, 9) E foi tão forte essa palavra que Adão se escondeu para não ouvi-la; foi tão terrível, que o expulsou do paraíso terrestre.

Que receias, Adão? — «Deus fala com tanta majestade que não posso ficar diante dEle; vou-me esconder». Era duro o falar de Deus. Apareceu no monte Sinai para falar ao povo de Israel e dar-lhe a Lei, e vinha com tanta majestade que os judeus pediram a Moisés: *Fala-nos tu mesmo, e te ouviremos; mas não nos fale Deus, para que não morramos* (Êx 20, 19). Deus falava com tanta severidade que os homens disseram: — «Não nos fale Deus». Era tal o rigor com que falava, que os homens se atemorizavam e fugiam da sua presença.

Causava tal temor, que não havia quem se aproximasse dEle, nem mesmo da Arca da aliança, que era levada a duas milhas de distância dos que a acompanhavam. E do povo betsamita que, por curiosidade, quis olhar a Arca — queriam tirar-lhe algum tecido que a cobrisse ou abri-la para ver o que trazia dentro — *Deus matou cinquenta mil homens e, dos principais, sessenta; e eles disseram: «Quem poderá subsistir na presença do Senhor?»* (cf. 1 Sm 6, 19-20). Sentiram tanto medo que destacaram imediatamente um mensageiro que levasse a Arca para longe deles.

Que vos parecem aqueles tempos? Temiam tanto a Deus que tremiam de medo. Deus adquirira glória de poderoso e, se quiserdes, honra de Grande*, e era tal essa glória que já parecia excessivo o temor que inspirava.

A mansidão e a misericórdia de Deus

Senhor, que se descubra já a vossa glória, não para que Vos temamos, mas para que Vos amemos. Falai, Senhor, de tal sorte que os homens não fujam de Vós e se revele a vossa honra. Como Ele é bom, como é suave, como é amigável! Mais honra recebeu Deus hoje pela sua bondade do que outrora pelo seu rigor. Maiores coisas faz hoje Deus para que os homens o amem do que fez outrora para que o temessem. Honra de quem é bom, manso e inclinado ao perdão.

(*) Membros de determinadas famílias da mais alta nobreza espanhola, chamados «Grandes de Espanha».

Se quereis ver qual é o dia do seu nascimento, meditai nestas palavras de São Paulo: *Apareceu a benignidade e a humanidade de Deus, nosso Salvador* (Tit 3, 4). Que significa «humanidade» aqui, se se fala de Deus Pai? Quem viu a Deus Pai feito homem? Essa *humanidade* significa mansidão, como diz o mesmo Apóstolo em outro trecho: *Vou-me servir de uma linguagem humana* (Rom 6, 19). Significa, pois, que apareceu a *mansidão* de Deus. Como se disséssemos a um homem severo: — «Sede mais humano, amansai-vos». *Apareceu hoje.* Bem-aventurado esse aparecimento e bem-aventurado esse dia em que apareceu a mansidão de Deus Pai e de Deus Filho e de Deus Espírito Santo: a carne de Cristo na terra!

Que grande dia é hoje! A Santíssima Trindade prometera a salvação para este dia: *Darei a vitória a Sião e a minha glória a Israel* (Is 46, 13), disse Deus, porque Deus Pai nos enviou o seu Filho e com

Ele todos os bens. Porque *Aquele que por todos nós entregou o seu Filho, como não nos dará também com Ele todas as coisas?* (Rom 8, 32). Apareceu hoje a honra de Deus, e uma honra maior, por ser misericordioso e manso e inclinado ao perdão, do que a que tinha outrora, por ser poderoso e vingador. Chegou o dia de Deus nos mostrar a sua misericórdia: — «Eis o sinal que vos dou para que não percais de vista o Messias: um recém-nascido envolto em paninhos, posto numa manjedoura».

Menino bom, não falais? Só falava como uma criança de dois dias. Para quê tanto silêncio? O Menino cala-se para te dar a entender, pecadorzinho, que, embora tenhas cometido pecados, não te chamará à sua presença como fez com Adão, não te assustará nem te repreenderá. Encontrá-lo-ás tão mudo para repreender como agora para te falar. É a esta luz que devemos compreender este mistério: assim como exteriormente aparece na carne, do mesmo modo traz dentro de si a santa Divindade em mansidão.

Haverá alguém mais fraco e incapaz de fazer o mal do que um menino de dois dias? Desde quando uma criança de dois dias esbofeteou ou matou alguém? Não há nada que cause menos temor do que um recém-nascido. Pois este é o mistério que celebramos nesta festa, não como as pessoas mundanas, mas em espírito, como Ele próprio disse: como *verdadeiros adoradores em espírito e verdade* (cf. Jo 4, 23).

Irmãos, como por fora vedes a Humanidade, em virtude da santa Encarnação de Jesus Cristo e da sua Paixão, assim também deveis ver por dentro a Divindade. Esta é a Divindade que, sem armas, diz: — «Não te farei mal, pecador, aproxima-te de mim. Do mesmo modo que não deves fugir de uma criança, também não deves fugir da minha Divindade. E como no meu corpo vês mansidão, igualmente deves vê-la na minha Divindade». Esta é a grandeza de Deus: tal como aparece externamente, assim é interiormente, tão manso e tão misericordioso. Bendito seja esse Deus e bendita a sua misericórdia que a este dia nos deixou chegar, o dia da mansidão e da misericórdia de Deus!

Santo Estêvão via hoje *os céus abertos* (At 7, 56): o Pai e o Filho e o Espírito Santo. Aqueles céus, a quem se abriam no passado? No entanto, hoje fazem chover mel a quem lhes quiser pedir misericórdia.

Envolto em panos, vestido de pecador

Um recém-nascido que não fala, para nos dar a entender que não esbofeteará nem repreenderá ninguém. *Um menino envolto em panos* (Lc 2, 12). Sendo Deus, não há quem o possa envolver, mas, como menino, está envolto em panos, pois a Virgem não podia ser tão descuidada que não tivesse preparado algo com que vestir o filho, ainda que pobremente. Senhor,

Vós, envolto em paninhos? Quem compreenderá o mistério deste sinal?

Quereria que estivessem aqui muitas pessoas elegantemente vestidas, para que eu as desenganasse! Mas algumas haverá que se vistam com atavios no coração. As roupas que vestimos são sinais da nossa miséria.

Há nas cidades uns garotos ladrõezinhos que roubam muito. Como são menores de idade e ainda não têm um discernimento perfeito, não são castigados segundo o rigor da lei, embora o mereçam. No entanto, para serem identificados, colocam-lhes um aro de ferro ao redor do pescoço, com umas barras que passam por cima da cabeça, e no alto uma sinetinha para que toque e sejam percebidos. Imaginai se houvesse uma pessoa tão louca que pedisse para lhe colocarem no alto da cabeleira uma sinetinha de ouro ou de prata... Que loucura tão grande colocar a sinetinha do ladrão, que é sinal de desonra, buscando a honra na própria desonra! Não vos parece isto uma grande desonra e loucura? Pois eu vos digo que existem muitas pessoas desse tipo e que metade dos que estamos aqui presentes somos assim, e praza a Deus que não o sejamos todos.

Por que nos vestimos? Porque pecamos, pois antes de Adão ter pecado, estava nu e não sentia vergonha. Mas depois que pecou, as suas vergonhas e as suas faltas ficaram a descoberto — *abriram-se os seus olhos* (Gn 3, 7) — e, para cobri-las, vestiu-se. A roupa foi sinal de desonra. E se foi assim, que cegueira a de um homem que, em tal situação de miséria, busca honra nas roupas! Se Adão não tivesse traído a Deus, eu não usaria roupas.

Hoje é o dia das misericórdias de Deus, dia em que os pecadores podem transbordar de alegria e de confiança. Hoje é o dia em que, como diz São Paulo, *Deus enviou o seu próprio Filho em carne semelhante à do pecado* (Rm 8, 3).

Este estar Deus envolto em paninhos é sinal de pecador. Este estar reclinado numa manjedoura, sentir frio e chorar é sinal de pecador, porque pelo pecado vieram os sofrimentos e as incomodidades. E diz São Paulo que Ele tomou uma carne semelhante à dos pecadores. Semelhante em quê? Em estar vestido, sentir frio e chorar e cansar-se, e ter fome e sede como os pecadores. Tirai os pecados, e imediatamente deixará de haver sofrimentos. Tomou carne que parecia de pecador, e Ele não o era.

A serpente de bronze

Não vos lembrais de que Deus mandou a Moisés, no deserto, que fizesse *uma serpente de bronze e a colocasse no alto de um poste para que todos os que olhassem para ela não perecessem* (cf. Nm 21, 8-9), não morressem das mordidas das outras serpentes que Ele lhes enviara por causa dos pecados de Israel?

Cristo é homem, parece pecador, mas não o é. A serpente de bronze era uma serpente, mas dentro não tinha veneno. A que se assemelha Deus vestido de homem — sofrimentos por fora e nenhum pecado por dentro — senão a essa serpente de bronze? A figura é de serpente, mas por dentro não tem veneno: sofre sem pecado. Quem olhar para Ele com fé e penitência — vendo que sofreu muito sem cometer nenhum pecado — não se perderá, mas ficará curado das mordidas das outras víboras, que são os seus pecados.

Que significa, pois, *envolto em panos!* Que, a partir de hoje, Ele começa a pagar por nós, que somos pecadores e mereceríamos os sofrimentos que padeceu. Rogai ao Senhor que vos dê olhos para entender a grande obra que este Menino assumiu ao nascer. Sabíeis que Ele nasceu sem pecado e *tomou sobre si todos os pecados* (cf. 1 Pe 2, 24; Is 53, 4-5 e 11-12) do mundo, cometidos e por cometer, *carregando-os aos ombros!*

E se ao menos os tivesse tomado constando que era inocente, mas tomou-os condenado em nome próprio pela justiça. Vede que peso foi pagar tantos pecados diante de Deus! Poderia ter dito: — «Eu, que não pequei, pago pelo que não fiz». Mas a justiça de Deus não perdoa um único pecado sem que seja reparado, e a reparação correspondente a todos os pecados dos homens, sem faltar um só, foi executada em Jesus Cristo.

Bendito seja Deus e a sua misericórdia! E — bendito seja tal Deus! Não é lógico que o recebamos com um *Te Deum laudamus*, com um cântico de louvor? Não vos parece lógico que tenha começado a pagar, desde pequenino, Quem tinha tantas dívidas que saldar? Não vos parece ter sido necessário que o envolvessem em panos, e o colocassem numa manjedoura dura, e sentisse frio e chorasse, e que desde cedo começasse a ganhar méritos para tantos filhos tão pobres como somos nós?

À procura de pousada

Havia muita gente em Belém, porque, como fora decretado um recenseamento geral, cada um devia alistar-se na sua cidade, e José era de Belém.

Para que compreendais as misericórdias de Deus e como Ele quis ser um verdadeiro peregrino nesta vida, São José e a Virgem Maria começaram a procurar pousada e não a acharam em nenhum lugar, tantos eram os forasteiros. Eles eram pobrezinhos. Saíram, pois, do povoado, em direção a uma estalagenzinha pobre que havia por ali, como uma vendinha mal amanhada. Entraram nela, mas, pela grande quantidade de gente, tiveram de ir até o estábulo, ao lado do qual se via uma rocha e, cavada nela, uma pequena gruta. Encontravam-se por perto algumas pessoas e alguns animais, e essa foi a pousada da Santíssima Virgem e do seu Esposo.

Vários de vós estareis magoados em vossos corações pelo fato de aquela gente sem piedade ter recusado alojamento a tal donzela. José deve ter batido a muitas portas, mas nem por parentesco, nem por amizade, nem por dinheiro conseguiu lugar. Menos ainda ao verem que a esposa estava grávida! Diriam: — «Que coisa desagradável ter uma mulher grávida dentro de casa: tristeza, gemidos...» Não, Maria não era uma grávida criadora de casos nem o seu parto seria de dores. Que tolos! Não darem pousada a uma donzela que trazia Deus no seu ventre!

Praza ao Senhor que não haja aqui ninguém que esteja na situação daqueles homens, porque, o que é uma Hóstia consagrada senão uma Virgem que traz Deus dentro de si?

Por que não comungastes neste Natal? Não me refiro a todos. Deus abençoe os que, dentre vós, destes pousada no vosso coração ao Menino que nasceu em Belém. Ele vo-lo pague misericordiosamente e perdoe os ingratos. Como é possível que uma Hóstia consagrada tivesse suplicado: — «Dai-me pousada», e que uns, por estarem em comilanças, outros divertindo-se ou entregues a prazeres sem freio, não tenham querido receber Aquele que a Virgem Maria trazia nas suas entranhas?

Vós que não comungastes fostes piores do que os habitantes de Belém porque estes, não sabendo quem Ele era, não erraram tão gravemente por não o receberem, mas vós, sabendo quem é e sempre fazendo-lhe pedidos, não o quisestes receber! Fizestes muito mal. Deus vos perdoe, mas corrigi-vos. Ainda não terminou o tempo natalino. Que ninguém deixe de preparar-se, e que, por reverência para com Deus, o receba nestes dias que ainda restam.

A virgem e o menino

Há uma coisa que quero acrescentar: foi um fardo pesado ter Deus ordenado à Virgem prestes a dar à luz que saísse de casa e percorresse trinta e três léguas. Se as venceu a pé ou não, não o sabemos, mas com certeza foi muito trabalhoso. Vão a Belém e não encontram pousada: outra dificuldade. Instalam-se naquele estábulo: outra incomodidade. Que os anjos louvem Nossa Senhora.

A Virgem percebe que se aproxima o momento do parto. À meia noite — não entre dores, porque não as teve —, experimenta uma grande alegria, tanto maior quanto mais se aproxima o momento do parto. E porque não havia na estalagem um lugar adequado, dirige-se à gruta para dar à luz o Senhor dos céus e da terra. Ergue os olhos ao céu. Quando toma consciência, vê diante dela o Menino, que chora.

Quem nos dera contemplar a Virgem ajoelhada diante dEle! Como sabia que era Deus, não ousava, por reverência, tomá-lo nos braços; mas, como era seu filho, queria por outro lado estreitá-lo contra si com amor. Adora-o como verdadeiro Deus e depois toma-o em seus braços. Toma-o nos braços e dá-lhe de mamar do seu leite virginal. Quereis ver de todas as coisas lindas a mais linda? Vede uma donzela no presépio de Belém com um Donzel nos braços, dando-lhe de mamar.

Estais contente, Igreja, por terdes agora Aquele que tanto desejáveis e de quem dizíeis: — «Quem me dera ver-Te, meu irmão, nos braços de minha mãe, mamando do seu seio! (cf. Ct 8, 1); quem me dera receber esta graça de ver-Te nos braços da tua Mãe! Quem me dera ver-Te nos braços de uma donzela, *sem que ninguém me censurasse* (Ct 8, 1). A partir de hoje, Deus Pai não me censurará, porque me deu o seu Filho; nem Deus Filho me censurará, porque se dá a mim como irmão; nem Deus Espírito Santo, pois foi Ele quem realizou tudo isso. Bem-aventurados os homens, por cujo bem nos foi dada tanta honra e tanto bem!»

Eis, pois, o Menino recém-nascido!

Por que a manjedoura?

E o reclinou numa manjedoura (Lc 2, 7). Por que numa manjedoura? Precisamos da luz de Deus para compreendê-lo.

Minha Mãe, mais terna que todas as mães, por que tiraste o Menino dos teus braços e o colocaste na manjedoura? Não vês que aí não há almofadas? Senhora, não estava mais quente e mais aconchegado nos teus braços do que na dura manjedoura? Então por que o colocaste aí? *Porque não havia lugar para eles na estalagem* (Lc 2, 7). Que condenação das minhas riquezas, dos meus prazeres e dos meus desvarios!

Senhor, Vós que dais morada aos homens e ninhos às aves, Vós que a todos recebeis, não tendes um lugar para Vós mesmo? Se não havia lugar na hospedaria, não haveria lugar no teu regaço, Senhora? Tu vales mais que os palácios, que os homens e os anjos; mais contente está

Ele nos teus braços do que em palácios ou mesmo nos céus. Não havia lugar no teu colo? Diz-nos, pelo amor que tens ao teu Filho, por que o tiraste do teu regaço e o colocaste na manjedoura.

Grave-se isto nos vossos corações: tudo o que a Virgem Maria fez com o seu Filho foi por graça e iluminação do Espírito Santo. Assim como o concebeu pelo Espírito Santo, assim também aprendeu dEle a cuidar do seu Filho. Essa mesma graça nos é necessária, tanto para que Cristo entre nas nossas almas como para que possamos conservá-lo e não o percamos. Mas continuamos a perguntar: Senhora, por que o tiraste dos teus braços e o colocaste na manjedoura?

Para me curar

O próprio Filho, pela ação do Espírito Santo, a inspirou a colocá-lo na manjedoura. E já que foi Ele quem a inspirou, perguntemos-lhe: — «Por que quereis, Menino, sair dos braços da vossa Mãe e colocar-Vos na manjedoura?» — «Para dar uma grande bofetada na vossa tibieza e frouxidão!»

Não o fez sem causa, e praza a Deus que, tendo agido assim, alcance de nós o que deseja. — «Senhor, por que na manjedoura?» — «Porque Adão, ao pecar, foi jogado no lugar dos animais. *O homem que vive na opulência e não reflete é semelhante ao gado que se abate* (Sl 48, 21)». Deus criou este mundo para os animais e o paraíso terrestre para os homens. Adão pecou, e por isso vive no lugar dos animais. E porque este Menino veio pagar o mal que Adão cometera, sai do lugar onde estava tão feliz, o ventre de sua Mãe bendita, e é desterrado para o lugar dos animais.

Dizei-me: há lugar mais desprezível para um recém-nascido do que uma manjedoura e, depois de crescido, do que uma cruz? Senhor, sabíeis que o homem tem o coração empedernido, e por isso o Alto teve de descer tão baixo, a fim de dizer aos homens que eles se enganam ao procurar riquezas, honras e deleites na terra: «Ou Cristo está enganado» — diz São Bernardo — «ou os homens mentem e se enganam com as suas riquezas e deleites. Ora, é impossível que Cristo se engane, mas os homens enganam-se facilmente»*.

Como podes, homem regalado, continuar a viver entre molícies e deleites, vendo Cristo numa manjedoura? Não te envergonhas, tu que só buscas honrarias? Como podes suportá-lo? Se te lembrares de que Cristo está numa manjedoura, não sentirás vergonha de tanto te enalteceres neste mundo? Ele é o Filho muito amado de Deus Pai, mas quando nasce é numa manjedoura, quando morre é numa cruz!

(*) *In Nativ. Domini sermo*, 3, 1; ML 183, 123.

Por que choras, menino bom?

O Menino chora na estreiteza do estábulo. Por que choras, Menino bom? Estará aqui presente algum grande pecador que trema quando Deus lhe disser: — «Onde estás?»? Que grande mal tê-lo ofendido muito, lembrar-se de vinte anos de grandes ofensas! Que resposta darás quando Deus te interpelar?

Assim como tu tremes, tremiam os irmãos de José quando este lhes disse: *Eu sou José, vosso irmão, que vós vendestes* (Gn 45, 4). E eles pensaram: «Infelizes de nós! Ele agora é Rei. Há de querer matar-nos, tem motivos e pode fazê-lo». Tremiam. É o pecador que treme por ter ofendido a Deus. Ofendestes a Deus e por isso tendes razão em tremer. Convido os que estão em erro, os que têm a consciência pesada e os grandes pecadores a ir até à manjedoura ver o Menino chorar.

Por que chorais, Senhor? Os irmãos daquele José não ousavam aproximar-se dele, até que o viram chorar: *Eu sou vosso irmão, aproximai-vos, não tenhais medo.* José levanta a voz, chora e, não contente com isso, conforme diz a Sagrada Escritura, *beijou em seguida cada um dos seus irmãos, chorando com todos eles* (Gn 45, 15), e os irmãos pediram-lhe perdão. — «*Não tenhais receio* (Gn 45, 5)» — dizia-lhes ele —, «vendestes-me por maldade, mas, se eu não tivesse vindo para cá, todos morreríeis de fome. Deus tira dos males o bem».

Menino, por que chorais? — «Para que os pecadores compreendam que, embora tenham pecado, devem aproximar-se de Mim sem temor, se se arrependerem de ter-Me ofendido». O Menino chora de ternura e de amor. Bendito Menino! Quem Vos colocou nessa manjedoura senão o amor que tendes por mim? Fomos maus e ingratos, como contra o nosso irmão José. Vendemo-lo. Um disse: —

«Prefiro cometer uma maldade a ficar com Cristo». Outro disse: — «Prefiro um prazer da carne a Ele». Vendemos o nosso Irmão, traímo-lo.

E José, o santo, convida-nos a aproximar-nos da manjedoura e a ouvir esse choro causado por cada um de nós. Se olhásseis para esse Menino com os olhos limpos, se adentrásseis na sua alma, encontraríeis uma inscrição que vos diria: «Estou chorando por ti», pois desde a concepção Ele teve conhecimento divino e conhecia todos os nossos pecados e chorava por eles. E se está chorando pelos nossos pecados, que pecador não sentirá confiança, se quiser corrigir-se? Há algo no mundo que inspire mais confiança do que ver Cristo numa manjedoura, chorando pelos nossos pecados?

Por que chorais? Que fazeis, Senhor? — «Começo a fazer penitência pelo que tu fizeste». Pois bem, que fará um cristão que olhe com olhos de fé para

Cristo que chora pelos seus pecados? Ai de mim, porque tarde Vos conheci, Senhor! Ai de mim por tantos anos perdidos sem Vos conhecer! Quem se deixará dominar pela tibieza ao ver Deus humanado chorar?

Começamos uma vida nova

Se, estando o sol no céu, não o suportamos durante o verão, que aconteceria se ele descesse à terra? Se estando Deus no céu, havia aqui em baixo quem o amasse — um Abraão, que, por amor dEle, deixou a sua terra e vagueou como um cigano por regiões estranhas; um Isaías, um Jeremias, que foram mortos por pregar a verdade (cf. Hb 11, 37), com um amor que tanto sofreu... Se, estando outrora lá em cima, o Sol abrasava, o que não será agora que desceu e se colocou numa manjedoura, e passa frio... e, quanto mais frio passa, mais eu me aqueço;

e quanto mais incômodos sofre, mais eu descanso; e quanto mais Te vejo padecer por mim, Senhor, mais acredito que me amas!...

Comecemos uma vida nova, porque o Menino a começa. Saístes, Senhor, do ventre da vossa Mãe, *percorrendo o caminho como um gigante* (Sl 18, 6). Ides pelo caminho da humildade, da pobreza. Ides à corte para resolver os meus problemas. Quero ir convosco. Que absurdo ver-Vos, meu Rei, no lugar mais desprezível, numa manjedoura, e eu querer ser honrado! Que absurdo ver-Vos pobre e eu querer ser rico! Será possível que Deus chore pelos meus pecados e eu me sinta bem? Que trabalhe por mim e eu descanse? Serei o vosso companheiro, Senhor. Quero ir convosco, pois ides para resolver os meus problemas. Dou-Vos graças por terdes nascido. Dou-Vos graças por terdes preferido uma manjedoura.

Maria coloca o menino na manjedoura para entregá-lo a ti

Resta-me ainda uma dúvida, minha Rainha: por que colocastes o vosso Filho na manjedoura? Já sei que foi Ele quem o quis. Mas agora desejo saber por que o fizestes Vós. Há moças que usam a medalha do *agnus Dei** para ficarem mais belas. Mas esse *agnus Dei* tem apenas o nome e é de ouro ou prata. O *Agnus Dei*, o Cordeiro de Deus que a Virgem Maria tem nos braços é o que há de mais belo, pois é o santíssimo Menino. Nos braços de sua Mãe, resplandece e embeleza-a mais do que as estrelas o céu e a terra.

Bem-aventurados os olhos que mereceram vê-lo! Uma coisa muito linda: a Virgem Maria e o Menino com Ela, no seu colo; uma Lua vestida de um Sol. Não há nada mais belo de se ver. Rogai à

(*) Relicário com a imagem do Cordeiro de Deus, bastante em voga na época.

Virgem Maria que vos dê olhos que saibam vê-la. Quando contemplo uma imagem de Nossa Senhora com o Menino nos braços, penso que já vi tudo.

Se vedes como estais formosa com Ele, Maria, por que retirais o *Agnus Dei* do vosso regaço? Por que tirais dos braços Aquele cujo Pai verdadeiramente está nos céus, Aquele que é Senhor do céu e da terra, igual ao Pai e ao Espírito Santo? Penso que deveis ter chorado de agradecimento e que as vossas lágrimas terão rolado pelo vosso rosto e banhado o rosto do Menino. — «Que maravilha ter nos meus braços Aquele que me criou!», diria a Senhora, pois sabia dar graças por isso. Amava o seu Filho mais do que a sua própria vida.

Senhora, por que perdestes tanto regozijo? Por que retirastes o *Agnus Dei* do vosso colo? — «Quereis que vo-lo diga? Que Deus vos dê a graça de compreender e de não o esquecer: tirei-o para entregá-lo a vós. E Eu cuidarei dEle para vosso bem».

Imaginai que tendes um leitão e o engordais para oferecê-lo a alguém; e enquanto o engordais, esse a quem o dareis anda despreocupado, ao passo que vós cuidais de engordá-lo para ele. E se esse homem não vos agradecer o leitão, não será lógico que pelo menos agradeça os cuidados com que procurastes criá-lo e engordá-lo? E nós, quanto não Vos devemos, Santa das santas, Mãe amável? Deus concedeu-Vos o seu Filho deixando-o nas vossas entranhas, e Vós tomais o Menino e o alimentais para nós! Pensava assim a Virgem Maria quando o envolvia e o ninava nos seus braços: «Estou alimentando este Cordeiro para os homens; trabalharei, tecerei e fiarei com as minhas mãos para alimentá-lo para os homens». E afinal para quê? Para que eu acabe por não Vos agradecer por me terdes dado um Cordeiro, Cordeiro sem mancha, alimentado durante trinta e três anos!

Davi disse: *Tratai de compreender, gente estulta* (Sl 93, 8). E assim deve ser, a fim de que, colocado na manjedoura, compreendamos como nós, os homens, nos transformamos, pelo pecado, em animais; mas se nos arrependermos, poderemos aproximar-nos desse Cordeiro, pois está no lugar onde os animais comem. Que outra coisa posso fazer senão expulsar de mim os pecados e acolher este Menino e ousar chamá-lo, daqui por diante, com grande alegria: «Meu Menino e meu Deus!»?

Nas pegadas do menino

Não quereis que me alegre com este dia? O pobre e o presidiário ficam na expectativa do dia de Natal, para que lhes deem um pouco de pão e os soltem da prisão, e eles se alegram com o que lhes dão, e não quereis que eu me alegre com tal dádiva, prometida muito tempo antes por boca de Isaías quando nos anunciou: *Um menino nos nasceu, um filho nos foi dado* (Is 9, 5)? Seja Ele bendito, e a sua Mãe seja bendita, e também quem os receber!

Por isso disse também Isaías: *Uma virgem conceberá e dará à luz um filho, e o chamará Emanuel, que significa «Deus conosco»* (Is 7, 14; cf. Mt 1, 23). *E se Deus está conosco, quem será contra nós?* (Rm 8, 31) E se Deus é nosso, estamos ricos. Isaías disse ainda: *O Senhor Deus vem em meu auxílio, quem ousará condenar-me?* (Is 50, 9; cf. Rm 8, 33). Não há motivo para temer o demônio, se estamos à sombra deste Menino; não há motivo para temer o inferno se, com penitência, dEle nos aproximamos; nem nos faltará bem algum, se deste Menino participarmos.

Deveis estar contente, Isaías, que em voz alta vos dirigíeis ao Senhor, dizendo: *Enviai o cordeiro ao monte de Sião* (cf. Is 16, 1). E por que o chamais Cordeiro? — «Para denotar a grandeza do desígnio de Deus, porque o cordeiro defende as suas ovelhas do lobo». Que novidade e que notícia inesperada: o leão e o lobo fogem ao verem um cordeiro! O demônio, que é lobo e leão, já fizera os seus cálculos: — «Os homens são meus pelo pecado, meus escravos e filhos da minha escrava. Que Deus fique sentado na sua grandeza e cumpra em mim a sua justiça, pois não temo que Ele me tire o que é tão meu por direito».

Mas *esta é a noite ditosa* para nós e terrível para Lúcifer*, na qual surge o Deus humanado, humilhado e feito Cordeiro, e se cumpre a ameaça que no princípio do mundo Deus fizera contra o demônio ao predizer-lhe que viria alguém *esmagar-lhe a cabeça* (cf. Gn 3, 15). Este Cordeiro foi quem a esmagou e o venceu, padecendo pelos nossos pecados, prefigurado no Antigo Testamento, quando Deus mandava que se oferecesse um cordeiro no templo pela manhã e à tarde.

(*) Cf. Missal Romano, *Sequência pascal.*

Como um cordeiro padeceu, diz Isaías, *e não abriu a boca diante do tosquiador* (cf. Is 53, 7). E quanto mais se calava da boca para fora, mais gritos dava por dentro, oferecendo-se ao Pai (cf. Hebr 10, 7-9). E assim, pelo caminho da justiça, libertou os que estavam condenados sob o poder do demônio, e tornou-se nosso Redentor e Mestre, a quem devemos seguir e obedecer, se não queremos perder-nos.

Já vistes, quando há muita neve, como é difícil acertar com o verdadeiro caminho, e como é perigoso alguém dele se perder, e quanto agradeceríamos a quem fosse adiante de nós, mostrando o caminho com pegadas que fossem tão certas que não pudessem desviar-nos? A Verdade de Deus vem ao mundo e a partir desta noite começa a caminhar. E se virdes como estão obstruídos os caminhos das virtudes que levam ao céu e quão grande é a vaidade e mentira que se usa no mundo, a vossa cabeça se confundirá e a virtude dos vossos olhos se turvará, como acontece quando vedes muita neve. E não tendes outro remédio para acertar com o caminho senão pôr os olhos no lugar onde este Menino pisa e caminhar por ali. Olhai a sua humildade, a sua mansidão, a sua caridade, a sua obediência, virtudes que já põe em prática e que virá a pregar quando crescer.

Dá-nos a Lei, e convém que a guardemos, e dá-nos graças e favores para que a guardemos. Moisés trouxe unicamente os mandamentos, mas este Menino traz mandamentos e ajuda para que os cumpramos (cf. Jo 1, 17), pois, olhando para tudo o que faz e sofre pelo nosso amor, convida-nos e anima-nos veementemente a amá-lo. E quem o ama cumpre facilmente todo o resto. E não somente nos convida a amá-lo, mas também infunde em nós o amor, se nos encontra bem dispostos, e enriquece-nos aqui com os bens da sua graça e, depois, com os bens da glória.

PROCURAR E ENCONTRAR CRISTO*

E, prostrando-se, o adoraram.

(Mt 2, 11)

Dor e alegria

Ter filhos é uma grande alegria para as mulheres casadas, mesmo que sofram as dores do parto. Diz Jesus Cristo: *Depois que deu à luz um menino, já não se lembra da aflição* por causa da alegria que sente pelo filho (Jo 16, 21). O dia da alegria das mães é aquele em que dão à luz os seus filhos. Consideram-se grandes maravilhas de Deus *tirar o pobre da*

(*) Segundo Sermão da Epifania.

imundície (Sl 112, 7) e *fazer a mulher estéril dar à luz* (cf. Is 54, 1 e 1 Sam 2, 5). Juntemos estas duas coisas e acrescentemos outra maior.

Quando dá à luz, a mulher sente dores, mas depois do parto se alegra; e, se não podia dar à luz, Deus faz a maravilha de lhe dar filhos. O filho depois da esterilidade é motivo de dupla alegria. Quantas causas de regozijo quereis que acrescentemos hoje à Virgem Maria? Uma mulher honrada, casada, desejosa de fazer o bem, que tem entre os braços um Menino que chega a tirar-nos a vontade de ver os céus; mãe de um filho cujo parto foi sem dores.

Oh, Senhora, se um filho que dá dor, depois do parto dá alegria, quanta alegria não Vos dará Aquele que no parto Vos deu duplo regozijo? Se a estéril sente tanta alegria quando dá à luz, quanta alegria não sentirá a que permaneceu virgem depois de ter dado à luz? Se a mulher que dá à luz se sente feliz sem saber que futuro espera o seu filho, até que ponto não se regozijará Aquela que deu à luz um filho que sabe ser o Filho de Deus? Bem o disse Isaías: *Alegrar-se-á a terra deserta sem caminho e a estepe regozijar-se-á e florirá como o lírio* (Is 35, 1), louvando Aquele que tanto bem lhe fez!

Pensais que, por muito que tenham madrugado os pastores e os reis para adorarem o Menino, Maria não acordou mais cedo ainda? Os pastores simbolizam os judeus, e os reis os pagãos. Antes que todos eles, adorou-o a Virgem Maria, dando-nos a entender que, se Abraão foi chamado o pai dos que creem, mais razão há para que a Virgem Maria seja chamada a mãe da fé. Que alegre e honrada se sente Ela com este Menino, vendo os reis darem-lhe *ouro, incenso e mirra!* (Mt 2, 11). Riqueza que durará pouco tempo, porque Ela a dará aos pobres. Para que havia de querê-la? — «Se o meu filho ama a pobreza, para que eu hei de querer a riqueza?» Essa é, Senhora, a vossa situação: Vós a receber de Deus e a dar aos pobres o que Ele Vos dá; Deus a dar-Vos e Vós porfiadamente a repartir. Que tendes que não nos tenhais dado? Está desejosa de dar-nos; pois digamos-lhe com muita devoção: *Ave, Maria...*

A vocação dos magos

Jesus Cristo não é nada ocioso. Veio quando o mundo anoitecia mas, como disse Davi, começou a trabalhar com toda a pressa (cl. Sl 18, 6-7). Os velhos que viveram mal durante toda a sua vida, dizem: — «Quero apressar-me e utilizar bem o tempo que me resta de vida, para compensar a má vida passada». A quem sobra pouco tempo de sol, só lhe resta apressar-se. Jesus Cristo não fica de braços cruzados: é o amor que o faz ser tão diligente. Mal saiu o sol, e já o vemos trabalhando.

Senhor, todos Vos contemplamos nascido numa gruta e reclinado numa manjedoura. Que verá Deus nesse acúmulo de pó, que será que mantém sustido aos peitos de uma mulher Aquele que conserva na existência os homens e os anjos? Mas será uma novidade tão grande? Se não o entendeis, entendei-o agora. Esta festa, irmãos, em que Deus se faz pequenino por amor aos homens, foi feita para vós; alma, tu és a dama, é por ti que se realizam estes torneios, a fim de que a humanidade se cure e se salve. É por isso que, mal Deus nasce, vêm os anjos dar a boa-nova aos pastores: — «*Nasceu-vos hoje um Salvador* (Lc 2, 11), andai, ide até lá. Apressai-vos, correi até o Salvador para que sejais salvos».

Já tinham sido chamados os pastores, mas Jesus Cristo viu que havia muito mais gente por chamar, e chamou os reis. Se aos pastores, que tinham fé, enviou um anjo, que é pura inteligência e espírito, aos reis pagãos enviou uma estrela impessoal, que surgiu na Pérsia, a leste de Jerusalém. Quer tenha sido pela sua grande misericórdia, que quis fazê-los esperar a estrela desde que Balaão a profetizara (cf. Núm 24, 17), quer por ter querido mostrar desse modo como tinha nascido, a verdade é que viram a estrela. São Mateus diz: *Os magos viram a estrela* (cf. Mt 2, 2).

«Magos» não significa homens dedicados à magia; «magos», na língua persa, significa sábios. São chamados reis porque os sábios reinavam naquela época ou, talvez, porque fossem reis menores. Essa estrela não era das que estão fixas no firmamento, nem estava nos distantes céus em que se movem os outros planetas. Estava mais baixo que todas, não se movia com as outras, tinha um movimento particular e uma luz particular. Significava a luz e o conhecimento da fé, que está num nível diferente dos outros conhecimentos.

O conhecimento pelo qual sei que Jesus Cristo está sob as aparências do pão e do vinho, não é como os outros, não está ao alcance da razão natural. Que diz a estrela?: «Nasceu o Salvador». O astrólogo não chega a alcançar esse saber. Os magos viram a estrela resplandecer nos ares; transmitia tanta alegria com o seu resplendor que, iluminados sobre o seu significado, se dispuseram a partir.

Procuremos o Senhor

Acompanhemo-los agora, pois temos estrela como eles, e adoremos Aquele que vão adorar, porque, se não procurarmos o Menino, morreremos. Empreguemos a vida acompanhando estes reis à procura de Deus. São Bernardo diz que o maior dos negócios de um cristão é buscar a Deus com todas as forças, deixando o sangue(*); e se alguém não o procura desse modo, poucos são

(*) *Sermones de divers.* 4, 1; 84, 1ss.

os bens espirituais que possui. Dai-me uma alma desejosa de Deus, que não se incline diante das riquezas, da honra nem de qualquer coisa mundana: essa acompanhará os reis.

Não há nada que mais me desanime nem que mais me faça deixar cair a cara de vergonha do que ver o amor com que me procurastes, Senhor, e o descuido com que eu Vos procuro. Procurais-me como se a vossa vida consistisse em procurar-me, e eu fujo de Vós como se encontrar-Vos fosse para mim morrer, quando na verdade é o contrário: procurando-me, Vós encontrastes a Morte e, encontrando-Vos, eu encontro a Vida. Vê o que Ele fez por ti e o que padeceu por ti. Como pode ser que a torrente dos seus sofrimentos não consiga extinguir o fogo do seu amor (cf. Cânt 8, 7) e eu permaneça tão distraído e tão despreocupado, como se Ele não me tivesse vindo procurar?

Bem o percebeu São Paulo quando disse: *Se alguém não ama Nosso Senhor*

Jesus Cristo, seja maldito (1 Cor 16, 22), pois o Senhor já veio! Não é próprio de um cristão que, tendo já chegado Deus, tu não o ames. Antes de Ele vir, não era de admirar que não o amasses, pois a condição humana é tão livre e excêntrica que não amaria nem mesmo o próprio Deus se não visse que Deus a ama; e Deus escondeu a sua onipotência e a sua onisciência precisamente para mostrar aos homens o seu amor. Acompanhemos os magos, portanto, à procura do Senhor.

Procuremos com decisão

Caminham dia após dia até chegarem a Jerusalém. Perguntam: *Onde está o rei dos judeus, que acaba de nascer?* (Mt 2, 2) Vedes que nobre atitude? Ainda não viram Jesus Cristo e já desejam morrer por Ele. Não há dúvida de que estes são os homens que verdadeiramente procuram a Deus, e não esses outros que, por qualquer ninharia, deixam de procurá-lo.

Tu costumavas levantar-te cedo para rezar, mas agora, porque faz frio, já não te levantas; davas esmolas, mas agora, porque o preço do pão aumentou, já não a dás. Se alguém te encostasse uma espada à garganta, então haverias de procurá-lo melhor! Quem procura a Deus durante um tempo e depois o abandona deve ser chamado lunático, cana agitada pelo vento. Quem não está decidido a morrer por Deus, antes que abandoná-lo, não o procura de verdade. *Onde está o rei dos judeus que acaba de nascer?* Que nobre testemunho! Não existia rei em Jerusalém? Herodes não era rei? Vinham decididos a arriscar a cabeça pelo Menino, e por isso o encontraram. Quem o procurar mentirosamente, não o encontrará, mas quem verdadeiramente o procurar, sem dúvida o encontrará.

O Senhor é bom para quem nele confia, para a alma que o procura (Lm 3, 25).

Estas são as palavras que nos colocarão diante dos olhos no dia do Juízo, para nossa maior condenação; se Deus *é bom para quem o procura, como será para quem o encontra?** Procurar alguma coisa é causa de sofrimento e aflição; procurar a Deus não é assim: mais prazer te dará a oração constante do que os deleites sujos da carne; mais deliciosos serão para ti os jejuns do que todas as vilezas da terra de que te sacies.

Como o Senhor é bom para quem nele confia e para a alma que o procurai De nada vale procurar a Deus sem perseverança e esperança. Dois alforjes deves levar para procurar a Deus: a confiança e a perseverança. Às vezes, parece que Deus se faz surdo e diz: — «Se vens à minha porta, dou-te com ela nos olhos para ver se tens confiança; e se procuras deleites em mim, dou-te secura e tristeza para provar

(*) Breviário Romano (versão tridentina), *Festa do Santíssimo Nome de Jesus*, hino de Vésperas.

a tua confiança». Assim como a castidade é provada quando te sentes perseguido e solicitado pela impureza, assim também a confiança é provada na perseguição.

O Senhor é bom para quem nele confia, para a alma que o procura. Estas são as palavras, como acabamos de ver, que nos dirão no dia do Juízo. E o que responderás a Deus quando te disserem: — «Nunca viste um homem que, por lhe terem dito que havia ouro nas índias, vendeu os seus bens e deixou a sua terra, mulher, filhos e amigos, e depois talvez nada tenha encontrado do que lá procurava, ou talvez se tenha afogado no mar e morrido frustrado, por ter posto a sua esperança em coisa incerta?» Senhor, se aprouvesse à vossa bondade que se apresentassem diante dessas pessoas as testemunhas que Vos procuraram verdadeiramente e lhes dissessem como chegaram a Vós, veriam elas que não houve ninguém que Vos tivesse procurado e não Vos tivesse achado. Todo aquele que o procura encontra-o. Não empenharei os meus bens na palavra de Deus?

Quero servir a Deus, quero procurar a Deus, quero fazer a sua vontade, pois tenho a sua palavra. Que direis, vós que sofreis tanto para procurar uma gota da água que não vos mata a sede, e que, para beber da *fonte de água viva* (cf. Núm 20, 6-8; Jer 2, 13 e Apoc 21, 6), para alcançar uma meta grande, não há quem vos faça refrear a língua nem acordar um pouco mais cedo?

Os que não acabaram

Vinham os magos, decididos. Quem não se decide a servir a Deus por toda a vida ou a morrer à sua procura não está capacitado para a guerra. Deus ordenava aos israelitas que, à hora de entrarem em combate numa guerra, se anunciasse por meio de um arauto que todos os que estivessem construindo uma casa e ainda não a tivessem acabado, e todos os que tivessem plantado uma vinha e ainda não tivessem colhido os frutos, e todos os casados e todos os medrosos — voltassem para suas casas (Dt 20, 5ss; 1 Mac 3, 56 e Jz 7, 3).

— «Padre, que quereis dizer com isso?» Que nem todos estão capacitados para a guerra. Porque dirás: — «Não acabei o que estava fazendo». Tereis o corpo na guerra e o coração em casa (cf. Mt 6, 21). Esses são os homens sobrecarregados com as ocupações da vida: — «Que farei, que comerei, como sustentarei os meus filhos?» (cf. Mt 6, 25 e 31). Julgais que, preocupando-vos em demasia, conseguireis manter-vos. Infeliz o homem que não se apoia em Deus, mas que vive pensando se choverá muito ou se não choverá!

Dou-te este sinal para que vejas se estás apoiado em Deus: se nas dificuldades te afliges, se nos sofrimentos te encolhes, não estás apoiado em Deus. *Na hora da angústia me reconfortastes* (Sl 4, 2), diz Davi. — «Não posso Eu sustentar-te sem a chuva?», diz-te o Senhor. Aquele que se apoia em Deus não se deixa abater nem pelos sofrimentos, nem pelas angústias, nem pela morte, nem pelo inferno. Quem não se apoia nEle, quanto medo sente, como anda preocupado!

Disse Jesus Cristo: *Não vos preocupeis pela vossa vida, nem pelo vosso corpo, nem pelo que vestireis* (Mt 6, 25-31). Estais tão cheios de preocupações com o muito comer e beber que, se *a palavra de Deus* entrar nos vossos corações, um minuto depois será *sufocada!* (cf. Mt 13, 22) Trabalhai e ganhai o suficiente para comer, que Deus assim o quer, mas essas preocupações e angústias desmedidas são sinal de que não estais apoiados em Deus. Quem se encontra nesse estado não irá para a guerra.

Os sensuais e os medrosos

Em segundo lugar, os casados, que aqui quer dizer os sensuais. Diz o Sábio:

Qualquer palavra sábia, ouvida por um homem sensato, será louvada por ele e dela se aproveitará. Que a ouça um luxurioso, e lhe parecerá desagradável e a arremessará para trás das costas (Eclo 21, 18). Não há pecado que mais entorpeça a alma do que este. Jovem lascivo, olha que dentro em pouco essa tua carne será alimento para os vermes e se transformará em cinzas. Podes retirar-te: não irás para a guerra.

Em terceiro lugar, estão os medrosos, os que se preocupam com o que se pode dizer deles. Observamos à esposa: — «Tens dez saias e a tua irmã apenas uma; tens seis mantilhas e a tua irmã apenas uma, com a qual vai à missa. Isso não é fraternidade: não pareces acreditar que Jesus Cristo está no pobre. Vende essa saia, contenta-te com uma ou duas, e com as outras compra para a tua irmã». — «Mas que dirão os outros de mim? Compreendo que o que me mandas é bom, mas queres que eu pareça a empregada das outras? Se as minhas amigas fizessem o mesmo, eu também o faria».

Ó louca! Como vives, com o mundo ou com Deus? Depois, ireis a Deus, dizendo: — «Paga-me». E o Senhor te dirá: — «Os serviços que me prestastes, Eu vo-los pagarei, mas os que andastes prestando ao meu inimigo, como quereis que vo-los pague?»

É difícil encontrar quem ande só. E se é para ir só, então é melhor ir por onde foi Jesus Cristo. Não pelas pompas, joias ou brocados, embora por aí sigam muitos reis. Não ousarás ir de mãos dadas com Jesus Cristo por onde Ele foi? É impossível que quem abriu uma conta com o mundo tenha outra aberta com Deus. *Ninguém pode servir a dois senhores* (Mt 6, 24 e Lc 16, 13). Quem é amigo deste mundo por isso mesmo tornou-se inimigo de Deus. O medroso diz: — «Dirão que sou um hipócrita!» Deves procurar a Deus com decisão, aconteça o que acontecer. Cortem-me a cabeça, que nem assim o abandonarei.

Disse Jesus Cristo: *O que vos é dito ao ouvido, pregai-o sobre os telhados* (Mt 10, 27). É com esta condição que Deus te dá a conhecer a verdade: que digas em público o que te disseram em segredo. Gostaríeis de ser como aqueles de quem fala São Paulo que *retêm a verdade na injustiça!* (Rm 1, 18). Quem tem a verdade e não a confessa nem se comporta de acordo com ela está prendendo a verdade na injustiça. *Onde está o rei dos judeus?* Nós já o conhecemos. Devemos professar esta verdade custe o que custar. Vede como é o mundo: os reis magos vêm de longe à procura do Salvador, e os que estão na terra dEle nem se dão conta da sua presença.

A inquietação de Herodes

O rei Herodes turbou-se, e toda Jerusalém com ele (Mt 2, 3). Que o rei se inquietasse não era muito, mas toda a cidade?

Por aqui vedes como é necessário que haja um bom rei na cidade e uma boa cabeça que reine. Se o bispo é mau, mau o magistrado, mau o pároco e mau o pregador, dificilmente haverá um bom povo. Esta é a intenção pela qual mais deveríeis rezar a Deus e é dela que mais vos esqueceis. «Senhor, dai-nos bons governantes; Senhor, dai-nos bons dirigentes. Que os reis Vos temam; dai-nos bons sacerdotes e pregadores».

Toda a cidade turbou-se com o rei. Diz o rei: — «Então quereis outro rei além de mim?» E diz o criado: — «Que quereis que eu faça? O meu patrão ordena que eu o acompanhe nas suas noitadas». E pensa o sacerdote: — «Se eu disser a Fulano que tem uma amante, se lhe disser que não comunga, encher-me-á de pancadas». Ora, para quem quereis a honra, se não é para Jesus Cristo? Não vale a pena morrer pela honra de Deus?

É uma grande honra morrer pela honra de tão grande príncipe!

Herodes perturbou-se, começou a tremer e, *convocando todos os príncipes dos sacerdotes e os escribas do povo, perguntou-lhes onde havia de nascer* esse rei. *Disseram-lhe*: *Em Belém de Judá, porque assim foi escrito pelo profeta.* Disse Herodes aos magos: *Ide e informai-vos bem acerca do menino, e, quando o encontrardes, comunicai-me, a fim de que também eu vá adorá-lo* (cf. Mt 2, 4-8); na verdade, para matá-lo.

Os reis partem e ele fica. Não vedes como está bem representado aqui o mau pregador? Prega onde se pode encontrar a Deus e depois fica onde está. O bom pregador e o bom confessor devem ir à frente. Ninguém deve dizer uma palavra boa sem que primeiro a tenha posto em prática. Lê-se na vida dos Santos Padres que, estando moribundo um daqueles santos anciãos, se aproximaram dele alguns religiosos e lhe pediram: — «Padre, deixai-nos algo; dai-nos algo que fique aqui conosco». Respondeu-lhes ele: — «Sempre acreditei mais no parecer alheio do que no meu, e nunca tive a presunção de ensinar coisa alguma que antes não tivesse posto em prática. Este é o testamento que vos deixo».

A linguagem da estrela

Ao entrarem em Jerusalém, a estrela escondeu-se deles. Há alguém aqui a quem a estrela se tenha escondido? — «Houve um tempo em que eu era tão devoto, em que os bons pensamentos me vinham sem que eu os procurasse; mesmo deitado, pensava em Deus». Se a estrela se escondeu, reaparecerá.

A estrela reapareceu aos reis magos e eles a seguiram (cf. Mt 2, 9). E ao aproximarem-se de Belém, suspeito — pois não consta das Escrituras — que, vendo a estrela, teriam dito: — «O que há de mais alto neste lugar? Ei, deve estar ali naquelas torres!» Foi para lá a estrela? Não, mas à estalagenzinha, que talvez não tivesse telhas e fosse feita de palha. Ali estava o Rei dos reis, dentro de uma gruta escavada na pedra, reclinado numa manjedoura. Ali nascera o Salvador, naquele estabulozinho. A estrela colocou-se em cima daquela gruta. E penso que naquele momento irradiava fulgores mais claros e dizia mais claramente: — «Aqui está!» Como era possível?

Bem-aventurado aquele que entende o que é a fé! Disseste bem, Menino, quando cresceste: *Bem-aventurados os que não viram e creram!* (Jo 20, 29). Foi isso que a estrela disse. A razão dos reis magos dizia-lhes que o menino deveria estar numa casa grande e rica; a estrela dizia-lhes que não, que estava entre aquelas palhas, naquela manjedoura. A razão natural diz-nos: — «Como pode um corpo tão grande estar numa hóstia tão pequenina?» E a fé diz-nos que sim, que pode.

Ó Senhor! Que tendes a ver com uns paninhos? Que tendes a ver com uma manjedoura? Quem esperaria encontrar-Vos assim, sem casa, sem braseiro, sem cama? O vento entrava pelo lado e batia no rosto da Mãe e do Filho. Talvez Ele quisesse comer e não tivesse nenhum alimento — e eu não amarei a pobreza? Aí está Jesus Cristo. Não se encontra na riqueza, nem nos deleites e prazeres da carne. Não se encontra nas camas moles. Não tens nada que comer? Jesus Cristo está em tua casa. Passas as noites suspirando de aflição? És obrigado a fazer coisas que não quererias? Vences os teus caprichos? Submetes a tua vontade à de Deus? Aí está Jesus Cristo.

Já antes de nascer, submete-se a tudo. A Virgem Maria, que estava prestes a dar à luz, teve de percorrer trinta e duas léguas de Nazaré a Belém. Por quê? Porque assim o ordenara um homem, o imperador César Augusto, a fim de que todos os seus súditos se recenseassem, e Deus obedeceu-lhe. E eu não sentirei vergonha de Vos desobedecer? Jesus obedece antes de sair do ventre materno, e eu não. Se te parece difícil contrariar a tua própria vontade, aí está Deus que obedece, reclinado no lugar mais humilde que se possa imaginar, num estábulo; aí está o Menino.

A estrela parecia falar. Desceu até o telhado, e os reis desceram das suas montarias. Não é verdade, Senhora, que, quando ouvistes o barulho lá fora, ficastes um pouco assustada? — «Alguém quer pôr as mãos no Menino!» Talvez o tenhas escondido e te tenhas posto a costurar alguma coisa. Um dos pajens deve ter-se aproximado da Virgem e perguntado: — «Senhora, sabeis onde está o Rei dos judeus que acabou de nascer? Senhora, consolai-nos, dizei-nos pelo amor de Deus: Tendes filho?»

E Ela responderia, porque era vontade de Deus que o manifestasse: — «Sim, tenho». — «Há quanto tempo destes à luz?» — «Há treze dias». — «Fazei-nos o favor de no-lo mostrar». E a Virgem Maria tomou-o nas mãos e mostrou-o. Vendo o Menino, os reis exultaram de alegria e compreenderam que estavam diante do Messias. E prostraram-se por terra e o adoraram.

Adorar o Deus-menino

Não se limitaram a descobrir a cabeça ou a dobrar o joelho, mas prostraram-se (cf. Mt 2, 11), de onde se vê que o fizeram porque estavam na presença de Deus. Adorar é lançar-se ao chão, isto é, reconhecer-se um punhado de terra e um nada diante de Deus. Se o Menino fosse somente rei, entre rei e reis bastaria que estes se descobrissem; mas se se prostraram no chão, foi porque viram no Menino o próprio Deus.

Vós passais por aquele sacrário tão indiferentes que nem sequer inclinais a cabeça. Parece que vos aproximais do altar como quem chega para se divertir.

Muitas missas serão celebradas para vosso castigo ao invés de, como pensáveis, para premiar-vos. Celebra-se uma missa, e está aquela pessoa ali e outra acolá, paradas, interessadas em ver se o sacerdote chora ou não. O povo de Israel mantinha-se a uma distância de *dois mil passos* (cf. Js 3, 4) da Arca da aliança, e vós estais em torno do altar: deveis assistir à missa com reverência e não vir à igreja logo depois de um divertimento, sem maiores preparações.

Os reis magos adoram o Menino de modo tão verdadeiro que penso que lhe terão beijado os pés. Abrem os seus tesouros, pois muito dá quem encontrou o Menino. Dirigem-se às suas arcas e, abertos os seus tesouros e não só as suas bolsas, oferecem-lhe cada um deles muito ouro, muita mirra e muito incenso.

E vós, que ofereceis a Deus? — «Mas eu nada tenho». Pensais então que o céu está fechado para os que nada têm? Ao contrário, encontra-se mais aberto, porque o rico, sim, terá de prestar contas a Deus de como repartiu aquilo que lhe foi dado! Ai daquele que come muito e não faz uso das suas energias: acabará por ter um abscesso que o matará! O estômago não recebe a comida para ficar com ela, mas para reparti-la pelos membros do corpo.

Se tomares muitos bens e não os repartires com a energia de uma grande caridade, ficarás com eles dentro do estômago. Esses bens serão a corda com que te enforcarão. Davi tinha muito que oferecer a Deus, mas, quando veio fazer a sua oferenda, disse: *As tuas oferendas*, Senhor, *estão em mim* (cf. Sl 55, 12-13; Sl 49, 8-9 e Jr 6, 20). Mais aprecia Deus a oferenda do próprio eu do que de bezerros e carneiros.

Oferecer-lhe o nosso Dom

Abre-lhe o teu coração, e estará aberto o tesouro com que Ele mais se alegra. Deus já abriu as suas entranhas e o seu coração. Por aquela abertura do seu lado podes ver o seu coração e o amor que encerra. Abre-lhe o teu, não o deixes fechado. Detém-te a pensar: «Senhor, tens o coração aberto e trespassado por mim, e eu não Te amarei? Abriste-me o teu coração, e eu não Te abrirei o meu? No meu coração, Senhor, estão as tuas oferendas; se Te der desse coração, terei feito a minha oferenda».

Vale mais diante de Deus um pedacinho do coração do que muitas oferendas sem coração. Dá-lhe um pedacinho do teu coração e ter-lhe-ás oferecido muito ouro. Vale mais um pouquinho de ouro do que muitas moedas. Vale mais um pouquinho de manjar branco do que muitas couves. Certo eremita perguntou a um ancião: — «Por que, fazendo tu menos jejum, menos orações e penitência do que eu faço, és mais santo do que eu?» E ele respondeu: — «Porque amo mais do que tu. Oferece ouro a Deus aquele lhe oferece amor».

— «Mas eu tenho pouco amor». Então reza muito. Não tens ouro? Oferece incenso. — «E o que é o incenso?» Oração. Disse Davi: *A oração é incenso* (cf. Sl 140, 2), como o é o suspiro que sobe a Deus em perfume de suave odor. Reza a Deus, mas não para lhe pedir trigo: — «Senhor, como é possível que eu não Te ame, não Te tema, não Te sirva?» Reconhece que és miserável e aproxima-te do presépio pedindo esmola. Se não tens ouro, oferece o incenso da oração. A casa daquele que não ora tem um cheiro horrível.

— «Mas não tenho ouro nem incenso». Então oferece mirra. *Oferecerei holocaustos com os cordeiros mais pingues*, disse Davi; *com incenso de cordeiros oferecer-te-ei touros e cabritos* (cf. Sl 65, 15). Oferecer-te-ei pingues holocaustos de amor e devoção. A mirra é o espírito de sacrifício e abnegação, até o mais íntimo de nós mesmos. Como acontece com os touros pingues e os cordeiros, o tutano, que é o que têm de mais precioso, está encerrado nos ossos mais duros. Entrega pois o teu amor, envolto no osso duro e firme do propósito de nunca mais tornar a ofender a Deus, num propósito intocável. Só ama a Deus verdadeiramente aquele que lhe dá o seu coração, não guarda nada para si mesmo.

Com incenso de cordeiros. O cordeiro que vai à frente do rebanho é o guia. Para quem dirige os outros, não há nada que mais deva amar e cultivar que a oração. O sacerdote que não ora não aprendeu nada do seu ofício; se não ora, dar-me-á por conselho de Deus um conselho seu, por resposta divina uma resposta humana.

Oferece também *touros e cabritos.* Sim, o Senhor também aceitará cabritos, que são os luxuriosos. Oferecer-lhe-ei os meus pecados de sensualidade, mas mortos. Porque têm bom odor depois de mortos. Se te assalta um mau desejo, mata-o, ainda que te doa, e oferece-o a Deus. — «Senhor, quero beber este laxante por Vós». Oferece a Deus um touro quem faz por Deus alguma coisa que muito lhe dói. Oferece um touro a Deus quem deixa a amante. E se, ao deixá-la, chorou, ofereceu um touro. E se tinha filhos com ela, ofereceu também um touro.

Que podes tu fazer pelo Menino? Sofrer um pouco. Ele padeceu por ti desde pequenino. Mais lhe doeu sofrer na cruz do que a ti sofrer o que agora sofres.

Para outros, a mirra será deixar de murmurar. Para outros ainda, abrir a bolsa e dar uma esmola. Oferece isso a Deus e terás oferecido um touro. Oferece a Deus um touro quem lhe oferece algo que muito lhe dói.

Oferece mirra amarga quem faz por Deus aquilo que o amargura. E se lhe ofereceres isso, Ele é tão bom que te dará incenso e ouro, a fim de que tenhas alguma coisa que oferecer-lhe, e dar-te-á aqui a sua graça e depois a sua glória, à qual lhe pedimos que nos conduza. Amém.